最高人民法院
民事诉讼文书样式
制作规范与法律依据

律师与当事人卷

第3版

法律应用研究中心◎编

ZUIGAO RENMIN FAYUAN MINSHI SUSONG WENSHU YANGSHI
ZHIZUO GUIFAN YU FALü YIJU

中国法制出版社
CHINA LEGAL PUBLISHING HOUSE

目　录

最高人民法院印发《关于深入推进社会主义核心价值观融入裁判文书释法说理的指导意见》的通知

（2021年1月19日　法〔2021〕21号）

各省、自治区、直辖市高级人民法院，解放军军事法院，新疆维吾尔自治区高级人民法院生产建设兵团分院：

现将《关于深入推进社会主义核心价值观融入裁判文书释法说理的指导意见》予以印发，请结合实际认真贯彻执行。执行中遇有问题，请及时层报最高人民法院。

关于深入推进社会主义核心价值观融入裁判文书释法说理的指导意见

为深入贯彻落实中共中央关于进一步把社会主义核心价值观融入法治建设的工作要求，正确贯彻实施民法典，充分发挥司法裁判在国家治理、社会治理中的规则引领和价值导向作用，进一步增强司法裁判的公信力和权威性，努力实现富强、民主、文明、和谐的价值目标，努力追求自由、平等、公正、法治的价值取向，努力践行爱国、敬业、诚信、友善的价值准则，结合审判工作实际，现提出如下意见。

一、深入推进社会主义核心价值观融入裁判文书释法说理，应当坚持以下基本原则：

（一）*法治与德治相结合*。以习近平新时代中国特色社会主义思想为指导，贯彻落实习近平法治思想，忠于宪法法律，将法律评价与道德评价有机结合，深入阐释法律法规所体现的国家价值目标、社会价值取向和公民价值准则，实现法治和德治相辅相成、相得益彰。

（二）*以人民为中心*。裁判文书释法说理应积极回应人民群众对公正司法的新要求和新期待，准确阐明事理，详细释明法理，积极讲明情理，力求讲究文理，不断提升人民群众对司法裁判的满意度，以司法公正引领社会公平正义。

（三）*政治效果、法律效果和社会效果的有机统一*。立足时代、国情、文化，综合考量法、理、情等因素，加强社会主义核心价值观的导向作用，不断提升司法裁判的法律认同、社会认同和情理认同。

二、各级人民法院应当深入推进社会主义核心价值观融入裁判文书释法说理，将社会主义核心价值观作为理解立法目的和法律原则的重要指引，作为检验自由裁量权是否合理行使的重要标准，确保准确认定事实，正确适用法律。对于裁判结果有价值引领导向、行为规范意义的案件，法官应当强化运用社会主义核心价值观释法说理，切实发挥司法裁判在国家治理、社会治理中的规范、评价、教育、引领等功能，以公正裁判树立行为规则，培育和弘扬社会主义核心价值观。

三、各级人民法院应当坚持以事实为根据，以法律为准绳。在释法说理时，应当针对争议焦点，根据庭审举证、质证、法庭辩论以及法律调查等情况，结合社会主义核心价值观，重点说明裁判事实认定和法律适用的过程和理由。

四、下列案件的裁判文书，应当强化运用社会主义核心价值观释法说理：

（一）涉及国家利益、重大公共利益，社会广泛关注的案件；

（二）涉及疫情防控、抢险救灾、英烈保护、见义勇为、正当防卫、紧急避险、助人为乐等，可能引发社会道德评价的案件；

（三）涉及老年人、妇女、儿童、残疾人等弱势群体以及特殊群体保护，诉讼各方存在较大争议且可能引发社会广泛关注的案件；

（四）涉及公序良俗、风俗习惯、权利平等、民族宗教等，诉讼各方存在较大争议且可能引发社会广泛关注的案件；

（五）涉及新情况、新问题，需要对法律规定、司法政策等进行深入阐释，引领社会风尚、树立价值导向的案件；

（六）其他应当强化运用社会主义核心价值观释法说理的案件。

五、有规范性法律文件作为裁判依据的，法官应当结合案情，先行释明规范性法律文件的相关规定，再结合法律原意，运用社会主义核心价值观进一步明晰法律内涵、阐明立法目的、论述裁判理由。

六、民商事案件无规范性法律文件作为裁判直接依据的，除了可以适用习惯以外，法官还应当以社会主义核心价值观为指引，以最相类似的法律规定作为裁判依据；如无最相类似的法律规定，法官应当根据立法精神、立法目的和法律原则等作出司法裁判，并在裁判文书中充分运用社会主义核心价值观阐述裁判依据和裁判理由。

七、案件涉及多种价值取向的，法官应当依据立法精神、法律原则、法律规定以及社会主义核心价值观进行判断、权衡和选择，确定适用于个案的价值取向，并在裁判文书中详细阐明依据及其理由。

八、刑事诉讼中的公诉人、当事人、辩护人、诉讼代理人和民事、行政诉讼中的当事人、诉讼代理人等在诉讼文书中或在庭审中援引社会主义核心价值观作为诉辩理由的，人民法院一般应当采用口头反馈、庭审释明等方式予以回应；属于本意见第四条规定的案件的，人民法院应当在裁判文书中明确予以回应。

九、深入推进社会主义核心价值观融入裁判文书释法说理应当正确运用解释方法：

（一）运用文义解释的方法，准确解读法律规定所蕴含的社会主义核心价值观的精神内涵，充分说明社会主义核心价值观在个案中的内在要求和具体语境。

（二）运用体系解释的方法，将法律规定与中国特色社会主义法律体系、社会主义核心价值体系联系起来，全面系统分析法律规定的内涵，正确理解和适用法律。

（三）运用目的解释的方法，以社会发展方向及立法目的为出发点，发挥目的解释的价值作用，使释法说理与立法目的、法律精神保持一致。

（四）运用历史解释的方法，结合现阶段社会发展水平，合理判断、有效平衡司法裁判的政治效果、法律效果和社会效果，推动社会稳定、可持续发展。

十、裁判文书释法说理应当使用简洁明快、通俗易懂的语言，讲求繁简得当，丰富修辞论证，提升语言表达和释法说理的接受度和认可度。

十一、人民法院应当探索建立强化运用社会主义核心价值观释法说理的案件识别机制，立案部门、审判部门以及院长、庭长等应当加强对案件诉讼主体、诉讼请求等要素的审查，及时识别强化运用社会主义核心价值观释法说理的重点案件，并与审判权力制约监督机制有机衔接。

十二、人民法院应当认真落实《最高人民法院关于统一法律适用加强类案检索的指导意见（试行）》《最高人民法院关于完善统一法律适用标准工作机制的意见》等相关要求，统一法律适用，确保同类案件运用社会主义核心价值观释法说理的一致性。

十三、对于本意见第四条规定的案件，根据审判管理相关规定，需要提交专业法官会议或审判委员会讨论的，法官应当重点说明运用社会主义核心价值观释法说理的意见。

十四、各级人民法院应当定期组织开展法官业务培训，将业务培训与贯彻实施民法典结合起来，坚持学习法律知识、业务技能与社会主义核心价值观并重，增强法官运用社会主义核心价值观释法说理的积极性和自觉性，不断提升法官释法说理的能力水平。

十五、人民法院通过中国裁判文书网、“法信”平台、12368 诉讼服务热线、中国应用法学数字化服务系统、院长信箱等途径，认真收集、倾听社会公众对裁判文书的意见建议，探索运用大数据进行统筹分析，最大程度了解社会公众对裁判文书的反馈意见，并采取措施加以改进。

十六、人民法院应当充分发挥优秀裁判文书的示范引领作用，完善优秀裁判文书考评激励机制，积极组织开展“运用社会主义核心价值观释法说理优秀裁判文书”评选工作，评选结果应当作为法官业绩考评的重要参考。

十七、最高人民法院、各高级人民法院应当定期收集、整理和汇编运用社会主义核心价值观释法说理的典型案例，加强宣传教育工作，进一步带动人民群众将法治精神融入社会生活，培育和营造自觉践行社会主义核心价值观的法治环境。

十八、各高级人民法院可以根据本意见，结合工作实际，制定刑事、民事、行政、国家赔偿、执行等裁判文书释法说理的实施细则，报最高人民法院备案。

十九、本意见自 2021 年 3 月 1 日起施行。

最高人民法院印发《关于加强和规范裁判文书释法说理的指导意见》的通知

（2018年6月1日　法发〔2018〕10号）

各省、自治区、直辖市高级人民法院，解放军军事法院，新疆维吾尔自治区高级人民法院生产建设兵团分院：

现将《最高人民法院关于加强和规范裁判文书释法说理的指导意见》印发给你们，请遵照执行。

关于加强和规范裁判文书释法说理的指导意见

为进一步加强和规范人民法院裁判文书释法说理工作，提高释法说理水平和裁判文书质量，结合审判工作实际，提出如下指导意见。

一、裁判文书释法说理的目的是通过阐明裁判结论的形成过程和正当性理由，提高裁判的可接受性，实现法律效果和社会效果的有机统一；其主要价值体现在增强裁判行为公正度、透明度，规范审判权行使，提升司法公信力和司法权威，发挥裁判的定分止争和价值引领作用，弘扬社会主义核心价值观，努力让人民群众在每一个司法案件中感受到公平正义，切实维护诉讼当事人合法权益，促进社会和谐稳定。

二、裁判文书释法说理，要阐明事理，说明裁判所认定的案件事实及其根据和理由，展示案件事实认定的客观性、公正性和准确性；要释明法理，说明裁判所依据的法律规范以及适用法律规范的理由；要讲明情理，体现法理情相协调，符合社会主流价值观；要讲究文理，语言规范，表达准确，逻辑清晰，合理运用说理技巧，增强说理效果。

三、裁判文书释法说理，要立场正确、内容合法、程序正当，符合社会主义核心价值观的精神和要求；要围绕证据审查判断、事实认定、法律适用进行说理，反映推理过程，做到层次分明；要针对诉讼主张和诉讼争点、结合庭审情况进行说理，做到有的放矢；要根据案件社会影响、审判程序、诉讼阶段等不同情况进行繁简适度的说理，简案略说，繁案精说，力求恰到好处。

四、裁判文书中对证据的认定，应当结合诉讼各方举证质证以及法庭调查核实证据等情况，根据证据规则，运用逻辑推理和经验法则，必要时使用推定和司法认知等方法，围绕证据的关联性、合法性和真实性进行全面、客观、公正的审查判断，阐明证据采纳和采信的理由。

五、刑事被告人及其辩护人提出排除非法证据申请的，裁判文书应当说明是否对证据收集的合法性进行调查、证据是否排除及其理由。民事、行政案件涉及举证责任分配或者证明标准争议的，裁判文书应当说明理由。

六、裁判文书应当结合庭审举证、质证、法庭辩论以及法庭调查核实证据等情况，重点针对裁判认定的事实或者事实争点进行释法说理。依据间接证据认定事实时，应当围绕间接证据之间是否存在印证关系、是否能够形成完整的证明体系等进行说理。采用推定方法认定事实时，应当说明推定启动的原因、反驳的事实和理由，阐释裁断的形成过程。

七、诉讼各方对案件法律适用无争议且法律含义不需要阐明的，裁判文书应当集中围绕裁判内容和尺度进行释法说理。诉讼各方对案件法律适用存有争议或者法律含义需要阐明的，法官应当逐项回应法律争议焦点并说明理由。法律适用存在法律规范竞合或者冲突的，裁判文书应当说明选择的理由。民事案件没有明确的法律规定作为裁判直接依据的，法官应当首先寻找最相类似的法律规定作出裁判；如果没有最相类似的法律规定，法官可以依据习惯、法律原则、立法目的等作出裁判，并合理运用法律方法对裁判依据进行充分论证和说理。法官行使自由裁量权处理案件时，应当坚持合法、合理、公正和审慎的原则，充分论证运用自由裁量权的依据，并阐明自由裁量所考虑的相关因素。

八、下列案件裁判文书，应当强化释法说理：疑难、复杂案件；诉讼各方争议较大的案件；社会关注度较高、影响较大的案件；宣告无罪、判处法定刑以下刑罚、判处死刑的案件；行政诉讼中对被诉行政行为所依据的规范性文件一并进行审查的案件；判决变更行政行为的案件；新类型或者可能成为指导性案例的案件；抗诉案件；二审改判或者发回重审的案件；重审案件；再审案件；其他需要强化说理的案件。

九、下列案件裁判文书，可以简化释法说理：适用民事简易程序、小额诉讼程序审理的案件；适用民事特别程序、督促程序及公示催告程序审理的案件；适用刑事速裁程序、简易程序审理的案件；当事人达成和解协议的轻微刑事案件；适用行政简易程序审理的案件；适用普通程序审理但是诉讼各方争议不大的案件；其他适宜简化说理的案件。

十、二审或者再审裁判文书应当针对上诉、抗诉、申请再审的主张和理由强化释法说理。二审或者再审裁判文书认定的事实与一审或者原审不同的，或者认为一审、原审认定事实不清、适用法律错误的，应当在查清事实、纠正法律适用错误的基础上进行有针对性的说理；针对一审或者原审已经详尽阐述理由且诉讼各方无争议或者无新证据、新理由的事项，可以简化释法说理。

十一、制作裁判文书应当遵循《人民法院民事裁判文书制作规范》《民事申请再审诉讼文书样式》《涉外商事海事裁判文书写作规范》《人民法院破产程序法律文书样式（试行）》《民事简易程序诉讼文书样式（试行）》《人民法院刑事诉讼文书样式》《行政诉讼文书样式（试行）》《人民法院国家赔偿案件文书样式》等规定的技术规范标准，但是可以根据案件情况合理调整事实认定和说理部分的体例结构。

十二、裁判文书引用规范性法律文件进行释法说理，应当适用《最高人民法院关于裁判文书引用法律、法规等规范性法律文件的规定》等相关规定，准确、完整地写明规范性法律文件的名称、条款项序号；需要加注引号引用条文内容的，应当表述准确和完整。

十三、除依据法律法规、司法解释的规定外，法官可以运用下列论据论证裁判理由，以提高裁判结论的正当性和可接受性：最高人民法院发布的指导性案例；最高人民法院发布的非司法解释类审判业务规范性文件；公理、情理、经验法则、交易惯例、民间规约、职业伦理；立法说明等立法材料；采取历史、体系、比较等法律解释方法时使用的材料；法理及通行学术观点；与法律、司法解释等规范性法律文件不相冲突的其他论据。

十四、为便于释法说理，裁判文书可以选择采用下列适当的表达方式：案情复杂的，采用列明裁判要点的方式；案件事实或数额计算复杂的，采用附表的方式；裁判内容用附图的方式更容易表达清楚的，采用附图的方式；证据过多的，采用附录的方式呈现构成证据链的全案证据或证据目录；采用其他附件方式。

十五、裁判文书行文应当规范、准确、清楚、朴实、庄重、凝炼，一般不得使用方言、俚语、土语、生僻词语、古旧词语、外语；特殊情形必须使用的，应当注明实际含义。裁判文书释法说理应当避免使用主观臆断的表达方式、不恰当的修辞方法和学术化的写作风格，不得使用贬损人格尊严、具有强烈感情色彩、明显有违常识常理常情的用语，不能未经分析论证而直接使用“没有事实及法律依据，本院不予支持”之类的表述作为结论性论断。

十六、各级人民法院应当定期收集、整理和汇编辖区内法院具有指导意义的优秀裁判文书，充分发挥典型案例释法说理的引导、规范和教育功能。

十七、人民法院应当将裁判文书的制作和释法说理作为考核法官业务能力和审判质效的必备内容，确立为法官业绩考核的重要指标，纳入法官业绩档案。

十八、最高人民法院建立符合裁判文书释法说理规律的统一裁判文书质量评估体系和评价机制，定期组织裁判文书释法说理评查活动，评选发布全国性的优秀裁判文书，通报批评瑕疵裁判文书，并作为监督指导地方各级人民法院审判工作的重要内容。

十九、地方各级人民法院应当将裁判文书释法说理作为裁判文书质量评查的重要内容，纳入年度常规性工作之中，推动建立第三方开展裁判文书质量评价活动。

二十、各级人民法院可以根据本指导意见，结合实际制定刑事、民事、行政、国家赔偿、执行等裁判文书释法说理的实施细则。

二十一、本指导意见自 2018 年 6 月 13 日起施行。

最高人民法院
关于印发《人民法院民事裁判文书制作规范》《民事诉讼文书样式》的通知

（法〔2016〕221号）

各省、自治区、直辖市高级人民法院，解放军军事法院，新疆维吾尔自治区高级人民法院生产建设兵团分院：

为进一步规范和统一民事裁判文书写作标准，提高民事诉讼文书质量，最高人民法院制定了《人民法院民事裁判文书制作规范》《民事诉讼文书样式》。该两份文件已于2016年2月22日经最高人民法院审判委员会第1679次会议通过，现予印发，自2016年8月1日起施行。请认真遵照执行。

最高人民法院

2016年6月28日

人民法院民事裁判文书制作规范

为指导全国法院民事裁判文书的制作，确保文书撰写做到格式统一、要素齐全、结构完整、繁简得当、逻辑严密、用语准确，提高文书质量，制定本规范。

一、基本要素

文书由标题、正文、落款三部分组成。

标题包括法院名称、文书名称和案号。

正文包括首部、事实、理由、裁判依据、裁判主文、尾部。首部包括诉讼参加人及其基本情况，案件由来和审理经过等；事实包括当事人的诉讼请求、事实和理由，人民法院认定的证据及事实；理由是根据认定的案件事实和法律依据，对当事人的诉讼请求是否成立进行分析评述，阐明理由；裁判依据是人民法院作出裁判所依据的实体法和程序法条文；裁判主文是人民法院对案件实体、程序问题作出的明确、具体、完整的处理决定；尾部包括诉讼费用负担和告知事项。

落款包括署名和日期。

二、标题

标题由法院名称、文书名称和案号构成，例如："××××人民法院民事判决书（民事调解书、民事裁定书）+案号"。

（一）法院名称

法院名称一般应与院印的文字一致。基层人民法院、中级人民法院名称前应冠以省、自治区、直辖市的名称，但军事法院、海事法院、铁路运输法院、知识产权法院等专门人民法院除外。

涉外裁判文书，法院名称前一般应冠以"中华人民共和国"国名；案件当事人中如果没有外国人、无国籍人、外国企业或组织的，地方人民法院、专门人民法院制作的裁判文书标题中的法院名称无需冠以"中华人民共和国"。

（二）案号

案号由收案年度、法院代字、类型代字、案件编号组成。

案号＝“（”＋收案年度＋“）”＋法院代字＋类型代字＋案件编号＋“号”。

案号的编制、使用应根据《最高人民法院关于人民法院案件案号的若干规定》等执行。

三、正文

（一）当事人的基本情况

1. 当事人的基本情况包括：诉讼地位和基本信息。

2. 当事人是自然人的，应当写明其姓名、性别、出生年月日、民族、职业或者工作单位和职务、住所。姓名、性别等身份事项以居民身份证、户籍证明为准。

当事人职业或者工作单位和职务不明确的，可以不表述。

当事人住所以其户籍所在地为准；离开户籍所在地有经常居住地的，经常居住地为住所。连续两个当事人的住所相同的，应当分别表述，不用“住所同上”的表述。

3. 有法定代理人或指定代理人的，应当在当事人之后另起一行写明其姓名、性别、职业或工作单位和职务、住所，并在姓名后用括号注明其与当事人的关系。代理人为单位的，写明其名称及其参加诉讼人员的基本信息。

4. 当事人是法人的，写明名称和住所，并另起一行写明法定代表人的姓名和职务。当事人是其他组织的，写明名称和住所，并另起一行写明主要负责人的姓名和职务。

当事人是个体工商户的，写明经营者的姓名、性别、出生年月日、民族、住所；起有字号的，以营业执照上登记的字号为当事人，并写明该字号经营者的基本信息。

当事人是起字号的个人合伙的，在其姓名之后用括号注明“系……（写明字号）合伙人”。

5. 法人、其他组织、个体工商户、个人合伙的名称应写全称，以其注册登记文件记载的内容为准。

6. 法人或者其他组织的住所是指法人或者其他组织的主要办事机构所在地；主要办事机构所在地不明确的，法人或者其他组织的注册地或者登记地为住所。

7. 当事人为外国人的，应当写明其经过翻译的中文姓名或者名称和住所，并用括号注明其外文姓名或者名称和住所。

外国自然人应当注明其国籍。国籍应当用全称。无国籍人，应当注明无国籍。

港澳台地区的居民在姓名后写明“香港特别行政区居民”“澳门特别行政区居民”或“台湾地区居民”。

外国自然人的姓名、性别等基本信息以其护照等身份证明文件记载的内容为准；外国法人或者其他组织的名称、住所等基本信息以其注册登记文件记载的内容为准。

8. 港澳地区当事人的住所，应当冠以“香港特别行政区”“澳门特别行政区”。

台湾地区当事人的住所，应当冠以“台湾地区”。

9. 当事人有曾用名，且该曾用名与本案有关联的，裁判文书在当事人现用名之后用括号注明曾用名。

诉讼过程中当事人姓名或名称变更的，裁判文书应当列明变更后的姓名或名称，变更前姓名或名称无需在此处列明。对于姓名或者名称变更的事实，在查明事实部分写明。

10. 诉讼过程中，当事人权利义务继受人参加诉讼的，诉讼地位从其承继的诉讼地位。裁判文书中，继受人为当事人；被继受人在当事人部分不写，在案件由来中写明继受事实。

11. 在代表人诉讼中，被代表或者登记权利的当事人人数众多的，可以采取名单附后的方式表述，“原告×××等×人（名单附后）”。

当事人自行参加诉讼的，要写明其诉讼地位及基本信息。

12. 当事人诉讼地位在前，其后写当事人姓名或者名称，两者之间用冒号。当事人姓名或者名称之后，用逗号。

（二）委托诉讼代理人的基本情况

1. 当事人有委托诉讼代理人的，应当在当事人之后另起一行写明为“委托诉讼代理人”，并写明委托诉讼代理人的姓名和其他基本情况。有两个委托诉讼代理人的，分行分别写明。

2. 当事人委托近亲属或者本单位工作人员担任委托诉讼代理人的，应当列在第一位，委托外单位的人员或者律师等担任委托诉讼代理人的列在第二位。

3. 当事人委托本单位人员作为委托诉讼代理人的，写明姓名、性别及其工作人员身份。其身份信息可表述为“该单位（如公司、机构、委员会、厂等）工作人员”。

4. 律师、基层法律服务工作者担任委托诉讼代理人的，写明律师、基层法院法律服务工作者的姓名，所在律师事务所的名称、法律服务所的名称及执业身份。其身份信息表述为“××律师事务所律师”“××法律服务所法律工作者”。属于提供法律援助的，应当写明法律援助情况。

5. 委托诉讼代理人是当事人近亲属的，应当在姓名后用括号注明其与当事人的关系，写明住所。代理人是当事人所在社区、单位以及有关社会团体推荐的公民的，写明姓名、性别、住所，并在住所之后注明具体由何社区、单位、社会团体推荐。

6. 委托诉讼代理人变更的，裁判文书首部只列写变更后的委托诉讼代理人。对于变更的事实可根据需要写明。

7. 委托诉讼代理人后用冒号，再写委托诉讼代理人姓名。委托诉讼代理人姓名后用逗号。

（三）当事人的诉讼地位

1. 一审民事案件当事人的诉讼地位表述为“原告”“被告”和“第三人”。先写原告，后写被告，再写第三人。有多个原告、被告、第三人的，按照起诉状列明的顺序写。起诉状中未列明的当事人，按照参加诉讼的时间顺序写。

提出反诉的，需在本诉称谓后用括号注明反诉原告、反诉被告。反诉情况在案件由来和事实部分写明。

2. 二审民事案件当事人的诉讼地位表述为“上诉人”“被上诉人”“第三人”“原审原告”“原审被告”“原审第三人”。先写上诉人，再写被上诉人，后写其他当事人。其他当事人按照原审诉讼地位和顺序写明。被上诉人也提出上诉的，列为“上诉人”。

上诉人和被上诉人之后，用括号注明原审诉讼地位。

3. 再审民事案件当事人的诉讼地位表述为“再审申请人”“被申请人”。其他当事人按照原审诉讼地位表述，例如，一审终审的，列为“原审原告”“原审被告”“原审第三人”；二审终审的，列为“二审上诉人”“二审被上诉人”等。

再审申请人、被申请人和其他当事人诉讼地位之后，用括号注明一审、二审诉讼地位。

抗诉再审案件（再审检察建议案件），应当写明抗诉机关（再审检察建议机关）及申诉人与被申诉人的诉讼地位。案件由来部分写明检察机关出庭人员的基本情况。对于检察机关因国家利益、社会公共利益受损而依职权启动程序的案件，应列明当事人的原审诉讼地位。

4. 第三人撤销之诉案件，当事人的诉讼地位表述为“原告”“被告”“第三人”。“被告”之后用括号注明原审诉讼地位。

5. 执行异议之诉案件，当事人的诉讼地位表述为“原告”“被告”“第三人”，并用括号注明当事人在执行异议程序中的诉讼地位。

6. 特别程序案件，当事人的诉讼地位表述为“申请人”。有被申请人的，应当写明被申请人。

选民资格案件，当事人的诉讼地位表述为“起诉人”。

7. 督促程序案件，当事人的诉讼地位表述为“申请人”“被申请人”。

公示催告程序案件，当事人的诉讼地位表述为“申请人”；有权利申报人的，表述为“申报人”。申请撤销除权判决的案件，当事人表述为“原告”“被告”。

8. 保全案件，当事人的诉讼地位表述为“申请人”“被申请人”。

9. 复议案件，当事人的诉讼地位表述为“复议申请人”“被申请人”。

10. 执行案件，执行实施案件，当事人的诉讼地位表述为“申请执行人”“被执行人”。

执行异议案件，提出异议的当事人或者利害关系人的诉讼地位表述为“异议人”，异议人之后用括号注明案件当事人或利害关系人，其他未提出异议的当事人亦应分别列明。

案外人异议案件，当事人的诉讼地位表述为“案外人”“申请执行人”“被执行人”。

（四）案件由来和审理经过

1. 案件由来部分简要写明案件名称与来源。

2. 案件名称是当事人与案由的概括。民事一审案件名称表述为“原告×××与被告×××……（写明案由）一案”。

诉讼参加人名称过长的，可以在案件由来部分第一次出现时用括号注明其简称，表述为“（以下简称×××）”。裁判文书中其他单位或组织名称过长的，也可在首次表述时用括号注明其简称。

诉讼参加人的简称应当规范，需能够准确反映其名称的特点。

3. 案由应当准确反映案件所涉及的民事法律关系的性质，符合最高人民法院有关民事案件案由的规定。

经审理认为立案案由不当的，以经审理确定的案由为准，但应在本院认为部分予以说明。

4. 民事一审案件来源包括：

（1）新收；

（2）有新的事实、证据重新起诉；

（3）上级人民法院发回重审；

（4）上级人民法院指令立案受理；

（5）上级人民法院指定审理；

（6）上级人民法院指定管辖；

（7）其他人民法院移送管辖；

（8）提级管辖。

5. 书写一审案件来源的总体要求是：

（1）新收、重新起诉的，应当写明起诉人；

（2）上级法院指定管辖、本院提级管辖的，除应当写明起诉人外，还应写明报请上级人民法院指定管辖（报请移送上级人民法院）日期或者下级法院报请指定管辖（下级法院报请移送）日期，以及上级法院或者本院作出管辖裁定日期；

（3）上级法院发回重审、上级法院指令受理、上级法院指定审理、移送管辖的，应当写明原审法院作出裁判的案号及日期，上诉人，上级法院作出裁判的案号及日期、裁判结果，说明引起本案的起因。

6. 一审案件来源为上级人民法院发回重审的，发回重审的案件应当写明“原告×××与被告×××……（写明案由）一案，本院于××××年××月××日作出……（写明案号）民事判决。×××不服该判决，向××××法院提起上诉。××××法院于××××年××月××日作出……（写明案号）裁定，发回重审。本院依法另行组成合议庭……”。

7. 审理经过部分应写明立案日期及庭审情况。

8. 立案日期表述为：“本院于××××年××月××日立案后”。

9. 庭审情况包括适用程序、程序转换、审理方式、参加庭审人员等。

10. 适用程序包括普通程序、简易程序、小额诉讼程序和非讼程序。

非讼程序包括特别程序、督促程序、公示催告程序等。

11. 民事一审案件由简易程序（小额诉讼程序）转为普通程序的，审理经过表述为："于××××年××月××日公开/因涉及……不公开（写明不公开开庭的理由）开庭审理了本案，经审理发现有不宜适用简易程序（小额诉讼程序）的情形，裁定转为普通程序，于××××年××月××日再次公开/不公开开庭审理了本案"。

12. 审理方式包括开庭审理和不开庭审理。开庭审理包括公开开庭和不公开开庭。

不公开开庭的情形包括：

（1）因涉及国家秘密不公开开庭；

（2）因涉及个人隐私不公开开庭；

（3）因涉及商业秘密，经当事人申请，决定不公开开庭；

（4）因离婚，经当事人申请，决定不公开开庭；

（5）法律另有规定的。

13. 开庭审理的应写明当事人出庭参加诉讼情况（包括未出庭或者中途退庭情况）；不开庭的，不写。不开庭审理的，应写明不开庭的原因。

14. 当事人未到庭应诉或者中途退庭的，写明经传票传唤，无正当理由拒不到庭或者未经法庭许可中途退庭的情况。

15. 一审庭审情况表述为："本院于××××年××月××日公开/因涉及……（写明不公开开庭的理由）不公开开庭审理了本案，原告×××及其诉讼代理人×××，被告×××及其诉讼代理人×××等到庭参加诉讼。"

16. 对于审理中其他程序性事项，如中止诉讼情况应当写明。对中止诉讼情形，表述为："因……（写明中止诉讼事由），于××××年××月××日裁定中止诉讼，××××年××月××日恢复诉讼。"

（五）事实

1. 裁判文书的事实主要包括：原告起诉的诉讼请求、事实和理由，被告答辩的事实和理由，法院认定的事实和据以定案的证据。

2. 事实首先写明当事人的诉辩意见。按照原告、被告、第三人的顺序依次表述当事人的起诉意见、答辩意见、陈述意见。诉辩意见应当先写明诉讼请求，再写事实和理由。

二审案件先写明当事人的上诉请求等诉辩意见。然后再概述一审当事人的诉讼请求，人民法院认定的事实、裁判理由、裁判结果。

再审案件应当先写明当事人的再审请求等诉辩意见，然后再简要写明原审基本情况。生效判决为一审判决的，原审基本情况应概述一审诉讼请求、法院认定的事实、裁判理由和裁判结果；生效判决为二审判决的，原审基本情况先概述一审诉讼请求、法院认定的事实和裁判结果，再写明二审上诉请求、认定的事实、裁判理由和裁判结果。

3. 诉辩意见不需原文照抄当事人的起诉状或答辩状、代理词内容或起诉、答辩时提供的证据，应当全案考虑当事人在法庭上的诉辩意见和提供的证据综合表述。

4. 当事人在法庭辩论终结前变更诉讼请求或者提出新的请求的，应当在诉称部分中写明。

5. 被告承认原告主张的全部事实的，写明“×××承认×××主张的事实”。被告承认原告主张的部分事实的，写明“×××承认×××主张的……事实”。

被告承认全部诉讼请求的，写明：“×××承认×××的全部诉讼请求”。被告承认部分诉讼请求的，写明被告承认原告的部分诉讼请求的具体内容。

6. 在诉辩意见之后，另起一段简要写明当事人举证、质证的一般情况，表述为：“本案当事人围绕诉讼请求依法提交了证据，本院组织当事人进行了证据交换和质证。”

7. 当事人举证质证一般情况后直接写明人民法院对证据和事实的认定情况。对当事人所提交的证据原则上不一一列明，可以附录全案证据或者证据目录。

对当事人无争议的证据，写明“对当事人无异议的证据，本院予以确认并在卷佐证”。对有争议的证据，应当写明争议的证据名称及人民法院对争议证据认定的意见和理由；对有争议的事实，应当写明事实认定意见和理由。

8. 对于人民法院调取的证据、鉴定意见，经庭审质证后，按照当事人是否有争议分别写明。对逾期提交的证据、非法证据等不予采纳的，应当说明理由。

9. 争议证据认定和事实认定，可以合并写，也可以分开写。分开写的，在证据的审查认定之后，另起一段概括写明法院认定的基本事实，表述为：“根据当事人陈述和经审查确认的证据，本院认定事实如下：……”。

10. 认定的事实，应当重点围绕当事人争议的事实展开。按照民事举证责任分配和证明标准，根据审查认定的证据有无证明力、证明力大小，对待证事实存在与否进行认定。要说明事实认定的结果、认定的理由以及审查判断证据的过程。

11. 认定事实的书写方式应根据案件的具体情况，层次清楚，重点突出，繁简得当，避免遗漏与当事人争议有关的事实。一般按时间先后顺序叙述，或者对法律关系或请求权认定相关的事实着重叙述，对其他事实则可归纳、概括叙述。

综述事实时，可以划分段落层次，亦可根据情况以“另查明”为引语叙述其他相关事实。

12. 召开庭前会议时或者在庭审时归纳争议焦点的，应当写明争议焦点。争议焦点的摆放位置，可以根据争议的内容处理。争议焦点中有证据和事实内容的，可以在当事人诉辩意见之后在当事人争议的证据和事实中写明。争议焦点主要是法律适用问题的，可以在本院认为部分，先写明争议焦点。

13. 适用外国法的，应当叙述查明外国法的事实。

（六）理由

1. 理由部分的核心内容是针对当事人的诉讼请求，根据认定的案件事实，依照法律规定，明确当事人争议的法律关系，阐述原告请求权是否成立，依法应当如何处理。裁判文书说理要做到论理透彻，逻辑严密，精炼易懂，用语准确。

2. 理由部分以“本院认为”作为开头，其后直接写明具体意见。

3. 理由部分应当明确纠纷的性质、案由。原审确定案由错误，二审或者再审予以改正的，应在此部分首先进行叙述并阐明理由。

4. 说理应当围绕争议焦点展开，逐一进行分析论证，层次明确。对争议的法律适用问题，应当根据案件的性质、争议的法律关系、认定的事实，依照法律、司法解释规定的法律适用规则进行分析，作出认定，阐明支持或不予支持的理由。

5. 争议焦点之外，涉及当事人诉讼请求能否成立或者与本案裁判结果有关的问题，也应在说理部分一并进行分析论证。

6. 理由部分需要援引法律、法规、司法解释时，应当准确、完整地写明规范性法律文件的名称、条款项序号和条文内容，不得只引用法律条款项序号，在裁判文书后附相关条文。引用法律条款中的项的，一律使用汉字不加括号，例如：“第一项”。

7. 正在审理的案件在基本案情和法律适用方面与最高人民法院颁布的指导性案例相类似的，应当将指导性案例作为裁判理由引述，并写明指导性案例的编号和裁判要点。

8. 司法指导性文件体现的原则和精神，可在理由部分予以阐述或者援引。

9. 在说理最后，可以另起一段，以“综上所述”引出，对当事人的诉讼请求是否支持进行评述。

（七）裁判依据

1. 引用法律、法规、司法解释时，应当严格适用《最高人民法院关于裁判文书引用法律、法规等规范性法律文件的规定》。

2. 引用多个法律文件的，顺序如下：法律及法律解释、行政法规、地方性法规、自治条例或者单行条例、司法解释；同时引用两部以上法律的，应当先引用基本法律，后引用其他法律；同时引用实体法和程序法的，先引用实体法，后引用程序法。

3. 确需引用的规范性文件之间存在冲突，根据《中华人民共和国立法法》等有关法律规定无法选择适用的，应依法提请有决定权的机关作出裁决，不得自行在裁判文书中认定相关规范性法律文件的效力。

4. 裁判文书不得引用宪法和各级人民法院关于审判工作的指导性文件、会议纪要、各审判业务庭的答复意见以及人民法院与有关部门联合下发的文件作为裁判依据，但其体现的原则和精神可以在说理部分予以阐述。

5. 引用最高人民法院的司法解释时，应当按照公告公布的格式书写。

6. 指导性案例不作为裁判依据引用。

（八）裁判主文

1. 裁判主文中当事人名称应当使用全称。

2. 裁判主文内容必须明确、具体、便于执行。

3. 多名当事人承担责任的，应当写明各当事人承担责任的形式、范围。

4. 有多项给付内容的，应当先写明各项目的名称、金额，再写明累计金额。如：“交通费……元、误工费……元、……，合计……元”。

5. 当事人互负给付义务且内容相同的，应当另起一段写明抵付情况。

6. 对于金钱给付的利息，应当明确利息计算的起止点、计息本金及利率。

7. 一审判决未明确履行期限的，二审判决应当予以纠正。

判决承担利息，当事人提出具体请求数额的，二审法院可以根据当事人请求的数额作出相应判决；当事人没有提出具体请求数额的，可以表述为“按×××利率，自××××年××月××日起计算至××××年××月××日止”。

（九）尾部

1. 尾部应当写明诉讼费用的负担和告知事项。

2. 诉讼费用包括案件受理费和其他诉讼费用。收取诉讼费用的，写明诉讼费用的负担情况。如："案件受理费……元，由……负担；申请费……元，由……负担"。

3. 诉讼费用不属于诉讼争议的事项，不列入裁判主文，在判决主文后另起一段写明。

4. 一审判决中具有金钱给付义务的，应当在所有判项之后另起一行写明："如果未按本判决指定的期间履行给付金钱义务，应当依照《中华人民共和国民事诉讼法》第二百五十三条[①]规定，加倍支付迟延履行期间的债务利息。"二审判决具有金钱给付义务的，属于二审改判的，无论一审判决是否写入了上述告知内容，均应在所有判项之后另起一行写明上述告知内容。二审维持原判的判决，如果一审判决已经写明上述告知内容，可不再重复告知。

5. 对依法可以上诉的一审判决，在尾部表述为："如不服本判决，可以在判决书送达之日起十五日内，向本院递交上诉状，并按对方当事人的人数或者代表人的人数提出副本，上诉于××××人民法院。"

6. 对一审不予受理、驳回起诉、管辖权异议的裁定，尾部表述为："如不服本裁定，可以在裁定书送达之日起十日内，向本院递交上诉状，并按对方当事人的人数或者代表人的人数提出副本，上诉于××××人民法院。"

四、落款

（一）署名

诉讼文书应当由参加审判案件的合议庭组成人员或者独任审判员署名。

合议庭的审判长，不论审判职务，均署名为"审判长"；合议庭成员有审判员的，署名为"审判员"；有助理审判员的，署名为"代理审判员"；有陪审员的，署名为"人民陪审员"。独任审理的，署名为"审判员"或者"代理审判员"。书记员，署名为"书记员"。[②]

---

① 对应《中华人民共和国民事诉讼法》（2023 年）第二百六十四条。

② 《中华人民共和国人民法院组织法》于 2018 年 10 月 26 日修订，删除原第三十六条："各级人民法院按照需要可以设助理审判员，由本级人民法院任免。助理审判员协助审判员进行工作。助理审判员，由本院院长提出，经审判委员会通过，可以临时代行审判员职务。"新增第四十八条："人民法院的法官助理在法官指导下负责审查案件材料、草拟法律文书等审判辅助事务。符合法官任职条件的法官助理，经遴选后可以按照法官任免程序任命为法官。"《中华人民共和国法官法》于 2019 年 4 月 23 日修订，原第二条删去"助理审判员"，改为"法官是依法行使国家审判权的审判人员，包括最高人民法院、地方各级人民法院和军事法院等专门人民法院的院长、副院长、审判委员会委员、庭长、副庭长和审判员。"根据以上规定，本段应表述为：合议庭的审判长，不论审判职务，均署名为"审判长"；合议庭成员有审判员的，署名为"审判员"；有陪审员的，署名为"人民陪审员"。独任审理的，署名为"审判员"。法官助理，署名为"法官助理"；书记员，署名为"书记员"。

（二）日期

裁判文书落款日期为作出裁判的日期，即裁判文书的签发日期。当庭宣判的，应当写宣判的日期。

（三）核对戳

本部分加盖“本件与原本核对无异”字样的印戳。

五、数字用法

（一）裁判主文的序号使用汉字数字，例：“一”“二”；

（二）裁判尾部落款时间使用汉字数字，例：“二〇一六年八月二十九日”；

（三）案号使用阿拉伯数字，例：“（2016）京 0101 民初 1 号”；

（四）其他数字用法按照《中华人民共和国国家标准 GB/415835-2011 出版物上数字用法》执行。

六、标点符号用法

（一）“被告辩称”“本院认为”等词语之后用逗号。

（二）“×××向本院提出诉讼请求”“本院认定如下”“判决如下”“裁定如下”等词语之后用冒号。

（三）裁判项序号后用顿号。

（四）除本规范有明确要求外，其他标点符号用法按照《中华人民共和国国家标准 GB/415834-2011 标点符号用法》执行。

七、引用规范

（一）引用法律、法规、司法解释应书写全称并加书名号。

（二）法律全称太长的，也可以简称，简称不使用书名号。可以在第一次出现全称后使用简称，例：“《中华人民共和国民事诉讼法》（以下简称民事诉讼法）”。

（三）引用法律、法规和司法解释条文有序号的，书写序号应与法律、法规和司法解释正式文本中的写法一致。

（四）引用公文应先用书名号引标题，后用圆括号引发文字号；引用外文应注明中文译文。

八、印刷标准

（一）纸张标准，A4 型纸，成品幅面尺寸为：210mm×297mm。

（二）版心尺寸为：156mm×225mm，一般每面排 22 行，每行排 28 个字。

（三）采用双面印刷；单页页码居右，双页页码居左；印品要字迹清楚、均匀。

（四）标题位于版心下空两行，居中排布。标题中的法院名称和文书名称一般用二号小标宋体字；标题中的法院名称与文书名称分两行排列。

（五）案号之后空二个汉字空格至行末端。

（六）案号、主文等用三号仿宋体字。

（七）落款与正文同处一面。排版后所剩空白处不能容下印章时，可以适当调整行距、字距，不用“此页无正文”的方法解决。审判长、审判员每个字之间空二个汉字空格。审判长、审判员与姓名之间空三个汉字空格，姓名之后空二个汉字空格至行末端。

（八）院印加盖在日期居中位置。院印上不压审判员，下不压书记员，下弧骑年压月在成文时间上。印章国徽底边缘及上下弧以不覆盖文字为限。公章不应歪斜、模糊。

（九）凡裁判文书中出现误写、误算，诉讼费用漏写、误算和其他笔误的，未送达的应重新制作，已送达的应以裁定补正，避免使用校对章。

（十）确需加装封面的应印制封面。封面可参照以下规格制作：

1. 国徽图案高 55mm，宽 50mm。

2. 上页边距为 65mm，国徽下沿与标题文字上沿之间距离为 75mm。

3. 标题文字为“××××人民法院××判决书（或裁定书等）”，位于国徽图案下方，字体为小标宋体字；标题分两行或三行排列，法院名称字体大小为 30 磅，裁判文书名称字体大小为 36 磅。

4. 封面应庄重、美观，页边距、字体大小及行距可适当进行调整。

九、其他

（一）本规范可以适用于人民法院制作的其他诉讼文书，根据具体文书性质和内容作相应调整。

（二）本规范关于裁判文书的要素和文书格式、标点符号、数字使用、印刷规范等技术化标准，各级人民法院应当认真执行。对于裁判文书正文内容、事实认定和说理部分，可以根据案件的情况合理确定。

（三）逐步推行裁判文书增加二维条形码，增加裁判文书的可识别性。

附录一：

标点符号用法

（中华人民共和国国家标准 GB/T15834-2011）

1　范围

本标准规定了现代汉语标点符号的用法。

本标准适用于汉语的书面语（包括汉语和外语混合排版时的汉语部分）。

2　术语和定义

下列术语和定义适用于本文件。

2.1

标点符号　punctuation

辅助文字记录语言的符号，是书面语的有机组成部分，用来表示语句的停顿、语气以及标示某些成分（主要是词语）的特定性质和作用。

注：数学符号、货币符号、校勘符号、辞书符号、注音符号等特殊领域的专门符号不属于标点符号。

2.2

句子　sentence

前后都有较大停顿、带有一定的语气和语调、表达相对完整意义的语言单位。

2.3

复句　complex sentence

由两个或多个在意义上有密切关系的分句组成的语言单位，包括简单复句（内部只有一层语义关系）和多重复句（内部包含多层语义关系）。

2.4

分句　clause

复句内两个或多个前后有停顿、表达相对完整意义、不带有句末语气和语调、有的前面可添加关联词语的语言单位。

2.5

语段　expression

指语言片段，是对各种语言单位（如词、短语、句子、复句等）不做特别区分时的统称。

3 标点符号的种类

3.1 点号

点号的作用是点断，主要表示停顿和语气。分为句末点号和句内点号。

3.1.1 句末点号

用于句末的点号，表示句末停顿和句子的语气。包括句号、问号、叹号。

3.1.2 句内点号

用于句内的点号，表示句内各种不同性质的停顿。包括逗号、顿号、分号、冒号。

3.2 标号

标号的作用是标明，主要标示某些成分（主要是词语）的特定性质和作用。包括引号、括号、破折号、省略号、着重号、连接号、间隔号、书名号、专名号、分隔号。

4 标点符号的定义、形式和用法

4.1 句号

4.1.1 定义

句末点号的一种，主要表示句子的陈述语气。

4.1.2 形式

句号的形式是“。”。

4.1.3 基本用法

4.1.3.1 用于句子末尾，表示陈述语气。使用句号主要根据语段前后有较大停顿、带有陈述语气和语调，并不取决于句子的长短。

示例1：北京是中华人民共和国的首都。

示例2：（甲：咱们走着去吧？）乙：好。

4.1.3.2 有时也可表示较缓和的祈使语气和感叹语气。

示例1：请您稍等一下。

示例2：我不由地感到，这些普通劳动者也同样是很值得尊敬的。

4.2 问号

4.2.1 定义

句末点号的一种，主要表示句子的疑问语气。

4.2.2 形式

问号的形式是“？”。

4.2.3 基本用法

4.2.3.1 用于句子末尾，表示疑问语气（包括反问、设问等疑问类型）。使用问号主要根据语段前后有较大停顿、带有疑问语气和语调，并不取决于句子的长短。

示例1：你怎么还不回家去呢？

示例2：难道这些普通的战士不值得歌颂吗？

示例3：（一个外国人，不远万里来到中国，帮助中国的抗日战争。）这是什么精神？这是国际主义的精神。

4.2.3.2 选择问句中，通常只在最后一个选项的末尾用问号，各个选项之间一般用逗号隔开。当选项较短且选项之间几乎没有停顿时，选项之间可不用逗号。当选项较多或较长，或有意突出每个选项的独立性时，也可每个选项之后都用问号。

示例1：诗中记述的这场战争究竟是真实的历史描述，还是诗人的虚构？

示例2：这是巧合还是有意安排？

示例3：要一个什么样的结尾：现实主义的？传统的？大团圆的？荒诞的？民族形式的？有象征意义的？

示例4：（他看着我的作品称赞了我。）但到底是称赞我什么：是有几处画得好？还是什么都敢画？抑或只是一种对于失败者的无可奈何的安慰？我不得而知。

示例5：这一切都是由客观的条件造成的？还是由行为的惯性造成的？

4.2.3.3 在多个问句连用或表达疑问语气加重时，可叠用问号。通常应先单用，再叠用，最多叠用三个问号。在没有异常强烈的情感表达需要时不宜叠用问号。

示例：这就是你的做法吗？你这个总经理是怎么当的??你怎么竟敢这样欺骗消费者???

4.2.3.4 问号也有标号的用法，即用于句内，表示存疑或不详。

示例1：马致远（1250？—1321），大都人，元代戏曲家、散曲家。

示例2：钟嵘（？—518），颍川长社人，南朝梁代文学批评家。

示例3：出现这样的文字错误，说明作者（编者？校者？）很不认真。

4.3 叹号

4.3.1 定义

句末点号的一种，主要表示句子的感叹语气。

4.3.2　形式

叹号的形式是“!”。

4.3.3　基本用法

4.3.3.1　用于句子末尾，主要表示感叹语气，有时也可表示强烈的祈使语气、反问语气等。使用叹号主要根据语段前后有较大停顿、带有感叹语气和语调或带有强烈的祈使、反问语气和语调，并不取决于句子的长短。

示例1：才一年不见，这孩子都长这么高啦!

示例2：你给我住嘴!

示例3：谁知道他今天是怎么搞的!

4.3.3.2　用于拟声词后，表示声音短促或突然。

示例1：咔嚓！一道闪电划破了夜空。

示例2：咚！咚咚！突然传来一阵急促的敲门声。

4.3.3.3　表示声音巨大或声音不断加大时，可叠用叹号；表达强烈语气时，也可叠用叹号，最多叠用三个叹号。在没有异常强烈的情感表达需要时不宜叠用叹号。

示例1：轰!! 在这天崩地塌的声音中，女娲猛然醒来。

示例2：我要揭露！我要控诉!! 我要以死抗争!!!

4.3.3.4　当句子包含疑问、感叹两种语气且都比较强烈时（如带有强烈感情的反问句和带有惊愕语气的疑问句），可在问号后再加叹号（问号、叹号各一）。

示例1：这么点困难就能把我们吓倒吗?!

示例2：他连这些最起码的常识都不懂，还敢说自己是高科技人材?!

4.4　逗号

4.4.1　定义

句内点号的一种，表示句子或语段内部的一般性停顿。

4.4.2　形式

逗号的形式是“,”。

4.4.3　基本用法

4.4.3.1　复句内各分句之间的停顿，除了有时用分号（见4.6.3.1），一般都用逗号。

示例1：不是人们的意识决定人们的存在，而是人们的社会存在决定人们的意识。

示例 2：学历史使人更明智，学文学使人更聪慧，学数学使人更精细，学考古使人更深沉。

示例 3：要是不相信我们的理论能反映现实，要是不相信我们的世界有内在和谐，那就不可能有科学。

4.4.3.2 用于下列各种语法位置：

a）较长的主语之后。

示例 1：苏州园林建筑各种门窗的精美设计和雕镂功夫，都令人叹为观止。

b）句首的状语之后。

示例 2：在苍茫的大海上，狂风卷集着乌云。

c）较长的宾语之前。

示例 3：有的考古工作者认为，南方古猿生存于上新世至更新世的初期和中期。

d）带句内语气词的主语（或其他成分）之后，或带句内语气词的并列成分之间。

示例 4：他呢，倒是很乐观地、全神贯注地干起来了。

示例 5：（那是个没有月亮的夜晚。）可是整个村子——白房顶啦，白树木啦，雪堆啦，全看得见。

e）较长的主语中间、谓语中间和宾语中间。

示例 6：母亲沉痛的诉说，以及亲眼见到的事实，都启发了我幼年时期追求真理的思想。

示例 7：那姑娘头戴一顶草帽，身穿一条绿色的裙子，腰间还系着一根橙色的腰带。

示例 8：必须懂得，对于文化传统，既不能不分青红皂白统统抛弃，也不能不管精华糟粕全盘继承。

f）前置的谓语之后或后置的状语、定语之前。

示例 9：真美啊，这条蜿蜒的林间小路。

示例 10：她吃力地站了起来，慢慢地。

示例 11：我只是一个人，孤孤单单的。

4.4.3.3 用于下列各种停顿处：

a）复指成分或插说成分前后。

示例 1：老张，就是原来的办公室主任，上星期已经调走了。

示例2：车，不用说，当然是头等。

b）语气缓和的感叹语、称谓语或呼唤语之后。

示例3：哎哟，这儿，快给我揉揉。

示例4：大娘，您到哪儿去啊？

示例5：喂，你是哪个单位的？

c）某些序次语（“第”字头、“其”字头及“首先”类序次语）之后。

示例6：为什么许多人都有长不大的感觉呢？原因有三：第一，父母总认为自己比孩子成熟；第二，父母总要以自己的标准来衡量孩子；第三，父母出于爱心而总不想让孩子在成长的过程中走弯路。

示例7：《玄秘塔碑》所以成为书法的范本，不外乎以下几方面的因素：其一，具有楷书点画、构体的典范性；其二，承上启下，成为唐楷的极致；其三，字如其人，爱人及字，柳公权高尚的书品、人品为后人所崇仰。

示例8：下面从三个方面讲讲语言的污染问题：首先，是特殊语言环境中的语言污染问题；其次，是滥用缩略语引起的语言污染问题；再次，是空话和废话引起的语言污染问题。

4.5 顿号

4.5.1 定义

句内点号的一种，表示语段中并列词语之间或某些序次语之后的停顿。

4.5.2 形式

顿号的形式是“、”。

4.5.3 基本用法

4.5.3.1 用于并列词语之间。

示例1：这里有自由、民主、平等、开放的风气和氛围。

示例2：造型科学、技艺精湛、气韵生动，是盛唐石雕的特色。

4.5.3.2 用于需要停顿的重复词语之间。

示例：他几次三番、几次三番地辩解着。

4.5.3.3 用于某些序次语（不带括号的汉字数字或“天干地支”类序次语）之后。

示例1：我准备讲两个问题，一、逻辑学是什么？二、怎样学好逻辑学？

示例2：风格的具体内容主要有以下四点：甲、题材；乙、用字；丙、表达；丁、色彩。

4.5.3.4 相邻或相近两数字连用表示概数通常不用顿号。若相邻两数字连用为缩略形式，宜用顿号。

示例 1：飞机在 6000 米高空水平飞行时，只能看到两侧八九公里和前方一二十公里范围内的地面。

示例 2：这种凶猛的动物常常三五成群地外出觅食和活动。

示例 3：农业是国民经济的基础，也是二、三产业的基础。

4.5.3.5 标有引号的并列成分之间、标有书名号的并列成分之间通常不用顿号。若有其他成分插在并列的引号之间或并列的书名号之间（如引语或书名号之后还有括注），宜用顿号。

示例 1：“日”“月”构成“明”字。

示例 2：店里挂着“顾客就是上帝”“质量就是生命”等横幅。

示例 3：《红楼梦》《三国演义》《西游记》《水浒传》，是我国长篇小说的四大名著。

示例 4：李白的“白发三千丈”（《秋浦歌》）、“朝如青丝暮成雪”（《将进酒》）都是脍炙人口的诗句。

示例 5：办公室里订有《人民日报》（海外版）、《光明日报》和《时代周刊》等报刊。

4.6 分号

4.6.1 定义

句内点号的一种，表示复句内部并列关系分句之间的停顿，以及非并列关系的多重复句中第一层分句之间的停顿。

4.6.2 形式

分号的形式是“；”。

4.6.3 基本用法

4.6.3.1 表示复句内部并列关系的分句（尤其当分句内部还有逗号时）之间的停顿。

示例 1：语言文字的学习，就理解方面说，是得到一种知识；就运用方面说，是养成一种习惯。

示例 2：内容有分量，尽管文章短小，也是有分量的；内容没有分量，即使写得再长也没有用。

4.6.3.2 表示非并列关系的多重复句中第一层分句（主要是选择、转折等关系）之间的停顿。

示例 1：人还没看见，已经先听见歌声了；或者人已经转过山头望不见了，歌声还余音袅袅。

示例 2：尽管人民革命的力量在开始时总是弱小的，所以总是受压的；但是由于革命的力量代表历史发展的方向，因此本质上又是不可战胜的。

示例 3：不管一个人如何伟大，也总是生活在一定的环境和条件下；因此，个人的见解总难免带有某种局限性。

示例 4：昨天夜里下了一场雨，以为可以凉快些；谁知没有凉快下来，反而更热了。

4.6.3.3 用于分项列举的各项之间。

示例：特聘教授的岗位职责为：一、讲授本学科的主干基础课程；二、主持本学科的重大科研项目；三、领导本学科的学术队伍建设；四、带领本学科赶超或保持世界先进水平。

4.7 冒号

4.7.1 定义

句内点号的一种，表示语段中提示下文或总结上文的停顿。

4.7.2 形式

冒号的形式是“：”。

4.7.3 基本用法

4.7.3.1 用于总说性或提示性词语（如“说”“例如”“证明”等）之后，表示提示下文。

示例 1：北京紫禁城有四座城门：午门、神武门、东华门和西华门。

示例 2：她高兴地说：“咱们去好好庆祝一下吧！”

示例 3：小王笑着点了点头：“我就是这么想的。”

示例 4：这一事实证明：人能创造环境，环境同样也能创造人。

4.7.3.2 表示总结上文。

示例：张华上了大学，李萍进了技校，我当了工人：我们都有美好的前途。

4.7.3.3 用在需要说明的词语之后，表示注释和说明。

示例 1：（本市将举办首届大型书市。）主办单位：市文化局；承办单位：市图书进出口公司；时间：8 月 15 日—20 日；地点：市体育馆观众休息厅。

示例 2：（做阅读理解题有两个办法。）办法之一：先读题干，再读原文，带着问题有针对性地读课文。办法之二：直接读原文，读完再做题，减少先入为主的干扰。

4.7.3.4 用于书信、讲话稿中称谓语或称呼语之后。

示例1：广平先生：……

示例2：同志们、朋友们：……

4.7.3.5 一个句子内部一般不应套用冒号。在列举式或条文式表述中，如不得不套用冒号时，宜另起段落来显示各个层次。

示例：第十条　遗产按照下列顺序继承：

第一顺序：配偶、子女、父母。

第二顺序：兄弟姐妹、祖父母、外祖父母。

4.8 引号

4.8.1 定义

标号的一种，标示语段中直接引用的内容或需要特别指出的成分。

4.8.2 形式

引号的形式有双引号"“”"和单引号"‘’"两种。左侧的为前引号，右侧的为后引号。

4.8.3 基本用法

4.8.3.1 标示语段中直接引用的内容。

示例：李白诗中就有“白发三千丈”这样极尽夸张的语句。

4.8.3.2 标示需要着重论述或强调的内容。

示例：这里所谓的“文”，并不是指文字，而是指文采。

4.8.3.3 标示语段中具有特殊含义而需要特别指出的成分，如别称、简称、反语等。

示例1：电视被称作“第九艺术”。

示例2：人类学上常把古人化石统称为尼安德特人，简称“尼人”。

示例3：有几个“慈祥”的老板把捡来的菜叶用盐浸浸就算作工友的菜肴。

4.8.3.4 当引号中还需要使用引号时，外面一层用双引号，里面一层用单引号。

示例：他问：“老师，‘七月流火’是什么意思？”

4.8.3.5 独立成段的引文如果只有一段，段首和段尾都用引号；不止一段时，每段开头仅用前引号，只在最后一段末尾用后引号。

示例：我曾在报纸上看到有人这样谈幸福：

“幸福是知道自己喜欢什么和不喜欢什么。……

“幸福是知道自己擅长什么和不擅长什么。……

“幸福是在正确的时间做了正确的选择。……”

4.8.3.6 在书写带月、日的事件、节日或其他特定意义的短语（含简称）时，通常只标引其中的月和日；需要突出和强调该事件或节日本身时，也可连同事件或节日一起标引。

示例1：“5·12”汶川大地震

示例2：“五四”以来的话剧，是我国戏剧中的新形式。

示例3：纪念“五四运动”90周年

4.9 括号

4.9.1 定义

标号的一种，标示语段中的注释内容、补充说明或其他特定意义的语句。

4.9.2 形式

括号的主要形式是圆括号“（ ）”，其他形式还有方括号“［ ］”、六角括号“〔 〕”和方头括号“【 】”等。

4.9.3 基本用法

4.9.3.1 下列各种情况，均用圆括号：

a）标示注释内容或补充说明。

示例1：我校拥有特级教师（含已退休的）17人。

示例2：我们不但善于破坏一个旧世界，我们还将善于建设一个新世界！（热烈鼓掌）

b）标示订正或补加的文字。

示例3：信纸上用稚嫩的字体写着“阿夷（姨），你好！”。

示例4：该建筑公司负责的建设工程全部达到优良工程（的标准）。

c）标示序次语。

示例5：语言有三个要素：（1）声音；（2）结构；（3）意义。

示例6：思想有三个条件：（一）事理；（二）心理；（三）伦理。

d）标示引语的出处。

示例7：他说得好：“未画之前，不立一格；既画之后，不留一格。”（《板桥集·题画》）

e）标示汉语拼音注音。

示例8：“的（de）”这个字在现代汉语中最常用。

4.9.3.2 标示作者国籍或所属朝代时，可用方括号或六角括号。

示例1：［英］赫胥黎《进化论与伦理学》

示例 2：〔唐〕杜甫著

4.9.3.3　报刊标示电讯、报道的开头，可用方头括号。

示例：【新华社南京消息】

4.9.3.4　标示公文发文字号中的发文年份时，可用六角括号。

示例：国发〔2011〕3 号文件

4.9.3.5　标示被注释的词语时，可用六角括号或方头括号。

示例 1：〔奇观〕奇伟的景象。

示例 2：【爱因斯坦】物理学家。生于德国，1933 年因受纳粹政权迫害，移居美国。

4.9.3.6　除科技书刊中的数学、逻辑公式外，所有括号（特别是同一形式的括号）应尽量避免套用。必须套用括号时，宜采用不同的括号形式配合使用。

示例：〔茸（róng）毛〕很细很细的毛。

4.10　破折号

4.10.1　定义

标号的一种，标示语段中某些成分的注释、补充说明或语音、意义的变化。

4.10.2　形式

破折号的形式是“——”。

4.10.3　基本用法

4.10.3.1　标示注释内容或补充说明（也可用括号，见 4.9.3.1；二者的区别另见 B.1.7）。①

示例 1：一个矮小而结实的日本中年人——内山老板走了过来。

示例 2：我一直坚持读书，想借此唤起弟妹对生活的希望——无论环境多么困难。

4.10.3.2　标示插入语（也可用逗号，见 4.4.3.3）。

示例：这简直就是——说得不客气点——无耻的勾当！

4.10.3.3　标示总结上文或提示下文（也可用冒号，见 4.7.3.1）。

---

① **B.1.7　破折号与括号表示注释或补充说明时的区别**

破折号用于表示比较重要的解释说明，这种补充是正文的一部分，可与前后文连续；而括号表示比较一般的解释说明，只是注释而非正文，可不与前后文连续。

示例 1：在今年——农历虎年，必须取得比去年更大的成绩。

示例 2：哈雷在牛顿思想的启发下，终于认出了他所关注的彗星（该星后人称为哈雷彗星）。

示例1：坚强，纯洁，严于律己，客观公正——这一切都难得地集中在一个人身上。

示例2：画家开始娓娓道来——

数年前的一个寒冬，……

4.10.3.4 标示话题的转换。

示例："好香的干菜，——听到风声了吗？"赵七爷低声说道。

4.10.3.5 标示声音的延长。

示例："嘎——"传过来一声水禽被惊动的鸣叫。

4.10.3.6 标示话语的中断或间隔。

示例1："班长他牺——"小马话没说完就大哭起来。

示例2："亲爱的妈妈，你不知道我多爱您。——还有你，我的孩子！"

4.10.3.7 标示引出对话。

示例：——你长大后想成为科学家吗？

——当然想了！

4.10.3.8 标示事项列举分承。

示例：根据研究对象的不同，环境物理学分为以下五个分支学科：

——环境声学；

——环境光学；

——环境热学；

——环境电磁学；

——环境空气动力学。

4.10.3.9 用于副标题之前。

示例：飞向太平洋

——我国新型号运载火箭发射目击记

4.10.3.10 用于引文、注文后，标示作者、出处或注释者。

示例1：先天下之忧而忧，后天下之乐而乐。

——范仲淹

示例2：乐浪海中有倭人，分为百余国。

——《汉书》

示例3：很多人写好信后把信笺折成方胜形，我看大可不必。（方胜，指古代妇女戴的方形首饰，用彩绸等制作，由两个斜方部分叠合而成。——编者注）

4.11　省略号

4.11.1　定义

标号的一种，标示语段中某些内容的省略及意义的断续等。

4.11.2　形式

省略号的形式是"……"。

4.11.3　基本用法

4.11.3.1　标示引文的省略。

示例：我们齐声朗诵起来："……俱往矣，数风流人物，还看今朝。"

4.11.3.2　标示列举或重复词语的省略。

示例1：对政治的敏感，对生活的敏感，对性格的敏感，……这都是作家必须要有的素质。

示例2：他气得连声说："好，好……算我没说。"

4.11.3.3　标示语意未尽。

示例1：在人迹罕至的深山密林里，假如突然看见一缕炊烟，……

示例2：你这样干，未免太……！

4.11.3.4　标示说话时断断续续。

示例：她磕磕巴巴地说："可是……太太……我不知道……你一定是认错了。"

4.11.3.5　标示对话中的沉默不语。

示例："还没结婚吧？"

"……"他飞红了脸，更加忸怩起来。

4.11.3.6　标示特定的成分虚缺。

示例：只要……就……

4.11.3.7　在标示诗行、段落的省略时，可连用两个省略号（即相当于十二连点）。

示例1：从隔壁房间传来缓缓而抑扬顿挫的吟咏声——

床前明月光，疑是地上霜。

…………

示例2：该刊根据工作质量、上稿数量、参与程度等方面的表现，评选出了高校十佳记者站。还根据发稿数量、提供新闻线索情况以及对刊物的关注度等，评选出了十佳通讯员。

…………

4.12 着重号

4.12.1 定义

标号的一种，标示语段中某些重要的或需要指明的文字。

4.12.2 形式

着重号的形式是“.”标注在相应文字的下方。

4.12.3 基本用法

4.12.3.1 标示语段中重要的文字。

示例 1：诗人需要表现，而不是证明。

示例 2：下面对本文的理解，不正确的一项是：……

4.12.3.2 标示语段中需要指明的文字。

示例：下边加点的字，除了在词中的读法外，还有哪些读法？

着急　　子弹　　强调

4.13 连接号

4.13.1 定义

标号的一种，标示某些相关联成分之间的连接。

4.13.2 形式

连接号的形式有短横线“-”、一字线“—”和浪纹线“~”三种。

4.13.3 基本用法

4.13.3.1 标示下列各种情况，均用短横线。

a）化合物的名称或表格、插图的编号。

示例 1：3-戊酮为无色液体，对眼及皮肤有强烈刺激性。

示例 2：参见下页表 2-8、表 2-9。

b）连接号码，包括门牌号码、电话号码，以及用阿拉伯数字表示年月日等。

示例 3：安宁里东路 26 号院 3-2-11 室

示例 4：联系电话：010-88842603

示例 5：2011-02-15

c）在复合名词中起连接作用。

示例 6：吐鲁番-哈密盆地

d）某些产品的名称和型号。

示例 7：WZ-10 直升机具有复杂天气和夜间作战的能力。

e）汉语拼音、外来语内部的分合。

示例 8：shuōshuō-xiàoxiào（说说笑笑）

示例 9：盎格鲁-撒克逊人

示例 10：让-雅克·卢梭（“让-雅克”为双名）

示例 11：皮埃尔·孟戴斯-弗朗斯（“孟戴斯-弗朗斯”为复姓）

4.13.3.2 标示下列各种情况，一般用一字线，有时也可用浪纹线。

a）标示相关项目（如时间、地域等）的起止。

示例 1：沈括（1031—1095），宋朝人。

示例 2：2011 年 2 月 3 日—10 日

示例 3：北京—上海特别旅客快车

b）标示数值范围（由阿拉伯数字或汉字数字构成）的起止。

示例 4：25～30g

示例 5：第五～八课

4.14 间隔号

4.14.1 定义

标号的一种，标示某些相关联成分之间的分界。

4.14.2 形式

间隔号的形式是“·”。

4.14.3 基本用法

4.14.3.1 标示外国人名或少数民族人名内部的分界。

示例 1：克里丝蒂娜·罗塞蒂

示例 2：阿依古丽·买买提

4.14.3.2 标示书名与篇（章、卷）名之间的分界。

示例：《淮南子·本经训》

4.14.3.3 标示词牌、曲牌、诗体名等和题名之间的分界。

示例 1：《沁园春·雪》

示例 2：《天净沙·秋思》

示例 3：《七律·冬云》

4.14.3.4 用在构成标题或栏目名称的并列词语之间。

示例：《天·地·人》

4.14.3.5 以月、日为标志的事件或节日，用汉字数字表示时，只在一、十一和十二月后用间隔号；当直接用阿拉伯数字表示时，月、日之间均用间隔号（半角字符）。

示例1：“九一八”事变　　“五四”运动

示例2：“一·二八”事变　　“一二·九”运动

示例3：“3·15”消费者权益日　　“9·11”恐怖袭击事件

4.15　书名号

4.15.1　定义

标号的一种，标示语段中出现的各种作品的名称。

4.15.2　形式

书名号的形式有双书名号“《　》”和单书名号“〈　〉”两种。

4.15.3　基本用法

4.15.3.1　标示书名、卷名、篇名、刊物名、报纸名、文件名等。

示例1：《红楼梦》（书名）

示例2：《史记·项羽本纪》（卷名）

示例3：《论雷峰塔的倒掉》（篇名）

示例4：《每周关注》（刊物名）

示例5：《人民日报》（报纸名）

示例6：《全国农村工作会议纪要》（文件名）

4.15.3.2　标示电影、电视、音乐、诗歌、雕塑等各类用文字、声音、图像等表现的作品的名称。

示例1：《渔光曲》（电影名）

示例2：《追梦录》（电视剧名）

示例3：《勿忘我》（歌曲名）

示例4：《沁园春·雪》（诗词名）

示例5：《东方欲晓》（雕塑名）

示例6：《光与影》（电视节目名）

示例7：《社会广角镜》（栏目名）

示例8：《庄子研究文献数据库》（光盘名）

示例9：《植物生理学系列挂图》（图片名）

4.15.3.3　标示全中文或中文在名称中占主导地位的软件名。

示例：科研人员正在研制《电脑卫士》杀毒软件。

4.15.3.4　标示作品名的简称。

示例：我读了《念青唐古拉山脉纪行》一文（以下简称《念》），收获很大。

4.15.3.5 当书名号中还需要书名号时，里面一层用单书名号，外面一层用双书名号。

示例：《教育部关于提请审议〈高等教育自学考试试行办法〉的报告》

4.16 专名号

4.16.1 定义

标号的一种，标示古籍和某些文史类著作中出现的特定类专有名词。

4.16.2 形式

专名号的形式是一条直线，标注在相应文字的下方。

4.16.3 基本用法

4.16.3.1 标示古籍、古籍引文或某些文史类著作中出现的专有名词，主要包括人名、地名、国名、民族名、朝代名、年号、宗教名、官署名、组织名等。

示例1：<u>孙坚</u>人马被<u>刘表</u>率军围得水泄不通。（人名）

示例2：于是聚集<u>冀</u>、<u>青</u>、<u>幽</u>、<u>并</u>四州兵马七十多万准备决一死战。（地名）

示例3：当时<u>乌孙</u>及西域各国都向<u>汉</u>派遣了使节。（国名、朝代名）

示例4：从<u>咸宁</u>二年到<u>太康</u>十年，<u>匈奴</u>、<u>鲜卑</u>、<u>乌桓</u>等族人徙居塞内。（年号、民族名）

4.16.3.2 现代汉语文本中的上述专有名词，以及古籍和现代文本中的单位名、官职名、事件名、会议名、书名等不应使用专名号。必须使用标号标示时，宜使用其他相应标号（如引号、书名号等）。

4.17 分隔号

4.17.1 定义

标号的一种，标示诗行、节拍及某些相关文字的分隔。

4.17.2 形式

分隔号的形式是“/”。

4.17.3 基本用法

4.17.3.1 诗歌接排时分隔诗行（也可使用逗号和分号，见4.4.3.1/4.6.3.1）。

示例：春眠不觉晓/处处闻啼鸟/夜来风雨声/花落知多少。

4.17.3.2 标示诗文中的音节节拍。

示例：横眉/冷对/千夫指，俯首/甘为/孺子牛。

4.17.3.3 分隔供选择或可转换的两项，表示“或”。

示例：动词短语中除了作为主体成分的述语动词之外，还包括述语动词所带的宾语和/或补语。

4.17.3.4 分隔组成一对的两项，表示“和”。

示例1：13/14 次特别快车

示例2：羽毛球女双决赛中国组合杜婧/于洋两局完胜韩国名将李孝贞/李敬元。

4.17.3.5 分隔层级或类别。

示例：我国的行政区划分为：省（直辖市、自治区）/省辖市（地级市）/县（县级市、区、治州）/乡（镇）/村（居委会）。

5 标点符号的位置和书写形式

5.1 横行文稿标点符号的位置和书写形式

5.1.1 句号、逗号、顿号、分号、冒号均置于相应文字之后，占一个字位置，居左下，不出现在一行之首。

5.1.2 问号、叹号均置于相应文字之后，占一个字位置，居左，不出现在一行之首。两个问号（或叹号）叠用时，占一个字位置；三个问号（或叹号）叠用时，占两个字位置；问号和叹号连用时，占一个字位置。

5.1.3 引号、括号、书名号中的两部分标在相应项目的两端，各占一个字位置。其中前一半不现在一行之末，后一半不出现在一行之首。

5.1.4 破折号标在相应项目之间，占两个字位置，上下居中，不能中间断开分处上行之末和下行之首。

5.1.5 省略号占两个字位置，两个省略号连用时占四个字位置并须单独占一行。省略号不能中间断开分处上行之末和下行之首。

5.1.6 连接号中的短横线比汉字“一”略短，占半个字位置；一字线比汉字“一”略长，占一个字位置；浪纹线占一个字位置。连接号上下居中，不出现在一行之首。

5.1.7 间隔号标在需要隔开的项目之间，占半个字位置，上下居中，不出现在一行之首。

5.1.8 着重号和专名号标在相应文字的下边。

5.1.9 分隔号占半个字位置，不出现在一行之首或一行之末。

5.1.10 标点符号排在一行末尾时，若为全角字符则应占半角字符的宽度（即半个字位置），以使视觉效果更美观。

5.1.11 在实际编辑出版工作中，为排版美观、方便阅读等需要，或为避免某一小节最后一个汉字转行或出现在另外一页开头等情况（浪费版面及视觉效果差），可适当压缩标点符号所占用的空间。

5.2 竖排文稿标点符号的位置和书写形式

5.2.1 句号、问号、叹号、逗号、顿号、分号和冒号均置于相应文字之下偏右。

5.2.2 破折号、省略号、连接号、间隔号和分隔号置于相应文字之下居中，上下方向排列。

5.2.3 引号改用双引号“﹃”“﹄”和单引号“﹁”“﹂”，括号改用“︵”“︶”，标在相应项目的上下。

5.2.4 竖排文稿中使用浪线式书名号“﹏﹏”，标在相应文字的左侧。

5.2.5 着重号标在相应文字的右侧，专名号标在相应文字的左侧。

5.2.6 横行文稿中关于某些标点不能居行首或行末的要求，同样适用于竖排文稿。

附录二：

出版物上数字用法

（中华人民共和国国家标准 GB/T15835-2011）

1　范围

本标准规定了出版物上汉字数字和阿拉伯数字的用法。

本标准适用于各类出版物（文艺类出版物和重排古籍除外）。政府和企事业单位公文，以及教育、媒体和公共服务领域的数字用法，也可参照本标准执行。

2　规范性引用文件

下列文件对于本文件的应用是必不可少的。凡是注日期的引用文件，仅注日期的版本适用于本文件。凡是不注日期的引用文件，其最新版本（包括所有的修改单）适用于本文件。

GB/47408-2005　数据元和交换格式　信息交换　日期和时间表示法

3　术语和定义

下列术语和定义适用于本文件。

3.1

计量 measuring

将数字用于加、减、乘、除等数学运算。

3.2

编号 numbering

将数字用于为事物命名或排序，但不用于数学运算。

3.3

概数 approximate number

用于模糊计量的数字。

4　数字形式的选用

4.1　选用阿拉伯数字

4.1.1　用于计量的数字

在使用数字进行计量的场合，为达到醒目、易于辨识的效果，应采用阿拉伯数字。

示例 1：−125.03　34.05%　63%~68%　1∶500　97/108

当数值伴随有计量单位时，如：长度、容积、面积、体积、质量、温度、经纬度、音量、频率等等，特别是当计量单位以字母表达时，应采用阿拉伯数字。

示例 2：523.56km（523.56 千米）　346.87L（346.87 升）

5.34m^2（5.34 平方米）　567mm^3（567 立方毫米）

605g（605 克）　100~150kg（100~150 千克）

34~39℃（34~39 摄氏度）　北纬 40°（40 度）

120dB（120 分贝）

4.1.2　用于编号的数字

在使用数字进行编号的场合，为达到醒目，易于辨识的效果，应采用阿拉伯数字。

示例：电话号码：98888

邮政编码：100871

通信地址：北京市海淀区复兴路 11 号

电子邮件地址：x186@186.net

网页地址：http：//127.0.0.1

汽车号牌：京 A00001

公交车号：302 路公交车

道路编号：101 国道

公文编号：国办发〔1987〕9 号

图书编号：ISBN 978-7-80184-224-4

刊物编号：CN 11-1399

章节编号：4.1.2

产品型号：PH-3000 型计算机

产品序列号：C84XB-JYVFD-P7HC4-6XKRJ-7M6XH

单位注册号：02050214

行政许可登记编号：0684D10004-828

4.1.3　已定型的含阿拉伯数字的词语

现代社会生活中出现的事物、现象、事件，其名称的书写形式中包含阿拉伯数字，已经广泛使用而稳定下来，应采用阿拉伯数字。

示例：3G 手机　M03 播放器　G8 峰会　维生素 B_{12}　97 号汽油
“5·27”事件　“12·5”枪击案

4.2 选用汉字数字

4.2.1　非公历纪年

干支纪年、农历月日、历史朝代纪年及其他传统上采用汉字形式的非公历纪年等等，应采用汉字数字。

示例：丙寅年十月十五日　庚辰年八月五日　腊月二十三　正月初五
八月十五中秋　秦文公四十四年
太平天国庚申十年九月二十四日　清咸丰十年九月二十日
藏历阳木龙年八月二十六日　日本庆应三年

4.2.2　概数

数字连用表示的概数、含“几”的概数，应采用汉字数字。

示例：三四个月　一二十个　四十五六岁　五六万套　五六十年前
几千　二十几　一百几十　几万分之一

4.2.3　已定型的含汉字数字的词语

汉语中长期使用已经稳定下来的包含汉字数字形式的词语，应采用汉字数字。

示例：万一　一律　一旦　三叶虫　四书五经　星期五　四氧化三铁
八国联军　七上八下　一心一意　不管三七二十一　一方面
二百五　半斤八两　五省一市　五讲四美　相差十万八千里
八九不离十　白发三千丈　不二法门　二八年华　五四运动
“一·二八”事变　“一二·九”运动

4.3　选用阿拉伯数字与汉字数字均可

如果表达计量或编号所需要用到的数字个数不多，选择汉字数字还是阿拉伯数字在书写的简洁性和辨识的清晰性两方面没有明显差异时，两种形式均可使用。

示例 1：17 号楼（十七号楼）　3 倍（三倍）
第 5 个工作日（第五个工作日）
100 多件（一百多件）　20 余次（二十余次）
约 300 人（约三百人）
40 左右（四十左右）　50 上下（五十上下）
50 多人（五十多人）

第 25 页（第二十五页）　第 8 天（第八天）
第 4 季度（第四季度）
第 45 份（第四十五份）
共 235 位同学（共二百三十五位同学）　0.5（零点五）
76 岁（七十六岁）　120 周年（一百二十周年）
1/3（三分之一）
公元前 8 世纪（公元前八世纪）
20 世纪 80 年代（二十世纪八十年代）
公元 253 年（公元二五三年）
1997 年 7 月 1 日（一九九七年七月一日）
下午 4 点 40 分（下午四点四十分）
4 个月（四个月）　12 天（十二天）

如果要突出简洁醒目的表达效果，应使用阿拉伯数字；如果要突出庄重典雅的表达效果，应使用汉字数字。

示例 2：北京时间 2008 年 5 月 12 日 14 时 28 分
十一届全国人大一次会议（不写为“11 届全国人大 1 次会议”）
六方会谈（不写为“6 方会谈”）

在同一场合出现的数字，应遵循“同类别同形式”原则来选择数字的书写形式。如果两数字的表达功能类别相同（比如都是表达年月日时间的数字），或者两数字在上下文中所处的层级相同（比如文章目录中同级标题的编号），应选用相同的形式。反之，如果两数字的表达功能不同，或所处层级不同，可以选用不同的形式。

示例 3：2008 年 8 月 8 日　二〇〇八年八月八日（不写为“二〇〇八年 8 月 8 日”）

第一章　第二章……第十二章（不写为“第一章 第二章……第 12 章”）

第二章的下一级标题可以用阿拉伯数字编号：2.1，2.2，……

应避免相邻的两个阿拉伯数字造成歧义的情况。

示例 4：高三 3 个班 高三三个班（不写为“高 33 个班”）
高三 2 班　高三（2）班　（不写为“高 32 班”）

有法律效力的文件、公告文件或财务文件中可同时采用汉字数字和阿拉伯数字。

示例5：2008年4月保险账户结算日利率为万分之一点五七五零（0.015750%）

35.5元（35元5角　三十五元五角　叁拾伍圆伍角）

5　数字形式的使用

5.1　阿拉伯数字的使用

5.1.1　多位数

为便于阅读，四位以上的整数或小数，可采用以下两种方式分节：

——第一种方式：千分撇

整数部分每三位一组，以“,”分节。小数部分不分节。四位以内的整数可以不分节。

示例1：624,000　92,300,000　19,351,235.235767　1256

——第二种方式：千分空

从小数点起，向左和向右每三位数字一组，组间空四分之一个汉字，即二分之一个阿拉伯数字的位置。四位以内的整数可以不加千分空。

示例2：55 235 367.346 23　98 235 358.238 368

注：各科学技术领域的多位数分节方式参照GB3101-1993的规定执行。

5.1.2　纯小数

纯小数必须写出小数点前定位的“0”，小数点是齐阿拉伯数字底线的实心点“.”。

示例：0.46不写为.46或0。46

5.1.3　数值范围

在表示数值的范围时，可采用浪纹式连接号“~”或一字线连接号“—”。前后两个数值的附加符号或计量单位相同时，在不造成歧义的情况下，前一个数值的附加符号或计量单位可省略。如果省略数值的附加符号或计量单位会造成歧义，则不应省略。

示例：-36~-8℃　400-429页　100-150kg　12500~20 000元

9亿~16亿（不写为9~16亿）

13万元~17万元（不写为13~17万元）

15%~30%（不写为15~30%）

4.3×10^6~5.7×10^6（不写为4.3~5.7×10^6）

5.1.4　年月日

年月日的表达顺序应按照口语中年月日的自然顺序书写。

示例1：2008年8月8日　1997年7月1日

“年”“月”可按照 GB/47408-2005 的 5.2.1.1 中的扩展格式，用“-”替代，但年月日不完整时不能替代。

示例 2：2008-8-8　1997-7-1　8 月 8 日（不写为 8-8）

2008 年 8 月（不写为 2008-8）

四位数字表示的年份不应简写为两位数字。

示例 3：“1990 年”不写为“90 年”

月和日是一位数时，可在数字前补“0”。

示例 4：2008-08-08　1997-07-01

5.1.5　时分秒

计时方式既可采用 12 小时制，也可采用 24 小时制。

示例 1：11 时 40 分（上午 11 时 40 分）

21 时 12 分 36 秒（晚上 9 时 12 分 36 秒）

时分秒的表达顺序应按照口语中时、分、秒的自然顺序书写。

示例 2：15 时 40 分　14 时 12 分 36 秒

“时”“分”也可按照 GB/47408-2005 的 5.3.1.1 和 5.3.1.2 中的扩展格式，用“：”替代。

示例 3：15：40 14：12：36

5.1.6　含有月日的专名

含有月日的专名采用阿拉伯数字表示时，应采用间隔号“·”将月、日分开，并在数字前后加引号。

示例：“3·15”消费者权益日

5.1.7　书写格式

5.1.7.1　字体

出版物中的阿拉伯数字，一般应使用正体二分字身，即占半个汉字位置。

示例：234　　57.236

5.1.7.2　换行

一个用阿拉伯数字书写的数值应在同一行中，避免被断开。

5.1.7.3　竖排文本中的数字方向

竖排文字中的阿拉伯数字按顺时针方向转 90 度。旋转后要保证同一个词语单位的文字方向相同。

示例：

示例一

雪花牌BCD188型家用电冰箱容量是一百八十八升，功率为一百二十五瓦，市场售价两千零五十元，返修率为百分之零点一五。

示例二

海军J12号打捞救生船在太平洋上航行了十三天，于一九九〇年八月六日零时三十分返回基地。

5.2 汉字数字的使用

5.2.1 概数

两个数字连用表示概数时，两数之间不用顿号“、”隔开。

示例： 二三米　一两个小时　三五天　一二十个　四十五六岁

5.2.2 年份

年份简写后的数字可以理解为概数时，一般不简写。

示例：“一九七八年”不写为“七八年”

5.2.3 含有月日的专名

含有月日的专名采用汉字数字表示时，如果涉及一月、十一月、十二月，应用间隔号“·”将表示月和日的数字隔开，涉及其他月份时，不用间隔号。

示例：“一·二八”事变　“一二·九”运动　五一国际劳动节

5.2.4 大写汉字数字

——大写汉字数字的书写形式

零、壹、贰、叁、肆、伍、陆、柒、捌、玖、拾、佰、仟、万、亿

——大写汉字数字的适用场合

法律文书和财务票据上，应采用大写汉字数字形式记数。

示例： 3,504元（叁仟伍佰零肆圆）

39,148元（叁万玖仟壹佰肆拾捌圆）

5.2.5 “零”和“〇”

阿拉伯数字“0”有“零”和“〇”两种汉字书写形式。一个数字用作计量时，其中“0”的汉字书写形式为“零”，用作编号时，“0”的汉字书写

形式为“○”。

示例：“3052（个）”的汉字数字形式为“三千零五十二”（不写为“三千○五十二”）

“95.06”的汉字数字形式为“九十五点零六”（不写为“九十五点○六”）

“公元2012（年）”的汉字数字形式为“二○一二”（不写为“二零一二”）

5.3 阿拉伯数字与汉字数字同时使用

如果一个数值很大，数值中的“万”“亿”单位可以采用汉字数字，其余部分采用阿拉伯数字。

示例1：我国1982年人口普查人数为10亿零817万5 288人

除上面情况之外的一般数值，不能同时采用阿拉伯数字与汉字数字

示例2：108可以写作“一百零八”，但不应写作“1百零8”“一百08”

4 000可以写作“四千”，但不应写作“4千”。

民事诉讼文书样式

一、管　　辖

1. **异议书**（对管辖权提出异议用）

异议书

异议人（被告）：×××，男/女，××××年××月××日出生，×族，……（写明工作单位和职务或者职业），住……。联系方式：……。

法定代理人/指定代理人：×××，……。

委托诉讼代理人：×××，……。

（以上写明异议人和其他诉讼参加人的姓名或者名称等基本信息）

请求事项：

将××××人民法院（××××）……号……（写明案件当事人和案由）一案移送××××人民法院管辖。

事实和理由：

……（写明提出管辖权异议的事实和理由）。

此致

××××人民法院

异议人（签名或者盖章）

××××年××月××日

【说　明】

1. 本样式根据《中华人民共和国民事诉讼法》**第一百三十一条第一款**[①]制定，供当事人向第一审人民法院提出管辖权异议用。

2. 当事人是法人或者其他组织的，写明名称住所。另起一行写明法定代表人、主要负责人及其姓名、职务、联系方式。

3. 人民法院受理案件后，当事人对管辖权有异议的，应当在提交答辩状期间提出。

【法律依据】[②]

《中华人民共和国民事诉讼法》（2023年9月1日）

第一百三十条第一款　人民法院受理案件后，当事人对管辖权有异议的，应当在提交答辩状期间提出。人民法院对当事人提出的异议，应当审查。异议成立的，裁定将案件移送有管辖权的人民法院；异议不成立的，裁定驳回。

---

① 因原《民事诉讼文书样式》于2016年6月28日印发，原文书样式中所依据的部分法律文件已被修订或者被废止，故编者根据现行法律文件，对原文书样式中引用的法律条文序号和内容进行了更新。文书样式及说明中的修改均以黑体字标识。

② 为方便读者直接、高效使用文书样式，本书在文书样式后增设【法律依据】，列明文书样式涉及的法律规范及条文具体内容。

2. **民事上诉状**（对驳回管辖权异议裁定提起上诉用）

民事上诉状

上诉人（原审诉讼地位）：×××，男/女，××××年××月××日出生，×族，……（写明工作单位和职务或者职业），住……。联系方式：……。

法定代理人/指定代理人：×××，……。

委托诉讼代理人：×××，……。

被上诉人（原审诉讼地位）：×××，……。

……

（以上写明当事人和其他诉讼参加人的姓名或者名称等基本信息）

上诉人×××因与被上诉人×××……（写明案由）一案，不服××××人民法院××××年××月××日作出的（××××）……民初……号驳回管辖权异议裁定，现提起上诉。

上诉请求：

1. 撤销××××人民法院（××××）……民初……号驳回管辖权异议民事裁定书；

2. 本案移送××××人民法院处理。

上诉理由：

……（写明不服驳回管辖权异议裁定的事实和理由）。

此致

××××人民法院

附：本上诉状副本×份

上诉人（签名或者盖章）

××××年××月××日

【说　明】

1. 本样式根据《中华人民共和国民事诉讼法》**第一百五十七条第一款第二项和第二款、第一百七十一条第二款、第一百七十二条、第一百七十三条、第二百八十六条**制定，供被告对第一审人民法院驳回管辖权异议裁定不服提起上诉用。

2. 当事人是法人或者其他组织的，写明名称住所。另起一行写明法定代表人、主要负责人及其姓名、职务、联系方式。

3. 当事人对驳回管辖权异议上诉的，有权在裁定书送达之日起十日内向上一级人民法院提起上诉。在中华人民共和国领域内没有住所的当事人不服第一审人民法院裁定的，有权在裁定书送达之日起三十日内提起上诉。

4. 上诉状应当通过原审人民法院提出，并按照对方当事人或者代表人的人数提出副本。

【法律依据】

《中华人民共和国民事诉讼法》（2023 年 9 月 1 日）

第一百五十七条　裁定适用于下列范围：

（一）不予受理；

（二）对管辖权有异议的；

（三）驳回起诉；

（四）保全和先予执行；

（五）准许或者不准许撤诉；

（六）中止或者终结诉讼；

（七）补正判决书中的笔误；

（八）中止或者终结执行；

（九）撤销或者不予执行仲裁裁决；

（十）不予执行公证机关赋予强制执行效力的债权文书；

（十一）其他需要裁定解决的事项。

对前款第一项至第三项裁定，可以上诉。

裁定书应当写明裁定结果和作出该裁定的理由。裁定书由审判人员、书记员署名，加盖人民法院印章。口头裁定的，记入笔录。

第一百七十一条第二款　当事人不服地方人民法院第一审裁定的，有权在裁定书送达之日起十日内向上一级人民法院提起上诉。

第一百七十二条 上诉应当递交上诉状。上诉状的内容，应当包括当事人的姓名，法人的名称及其法定代表人的姓名或者其他组织的名称及其主要负责人的姓名；原审人民法院名称、案件的编号和案由；上诉的请求和理由。

第一百七十三条 上诉状应当通过原审人民法院提出，并按照对方当事人或者代表人的人数提出副本。

当事人直接向第二审人民法院上诉的，第二审人民法院应当在五日内将上诉状移交原审人民法院。

第二百八十六条 在中华人民共和国领域内没有住所的当事人，不服第一审人民法院判决、裁定的，有权在判决书、裁定书送达之日起三十日内提起上诉。被上诉人在收到上诉状副本后，应当在三十日内提出答辩状。当事人不能在法定期间提起上诉或者提出答辩状，申请延期的，是否准许，由人民法院决定。

二、回　　避

1. **申请书**（申请回避用）

申请书

申请人：×××，男/女，××××年××月××日出生，×族，……（写明工作单位和职务或者职业），住……。联系方式：……。

法定代理人/指定代理人：×××，……。

委托诉讼代理人：×××，……。

（以上写明申请人和其他诉讼参加人的姓名或者名称等基本信息）

请求事项：

申请你院（××××）……号……（写明当事人和案由）一案的……（写明被申请回避人的诉讼地位和姓名）回避。

事实和理由：

……（写明申请回避的事实和理由）。

此致

××××人民法院

申请人（签名或者盖章）

××××年××月××日

【说 明】

1. 本样式根据《中华人民共和国民事诉讼法》**第四十七条、第四十八条**制定，供当事人向人民法院申请审判人员或者其他诉讼参与人回避用。

2. 当事人是法人或者其他组织的，写明名称住所。另起一行写明法定代表人、主要负责人及其姓名、职务、联系方式。

3. 被申请回避人员可以是审判人员、执行员、书记员、翻译人员、鉴定人、勘验人等。其中审判人员包括参与本案审理的人民法院院长、副院长、审判委员会委员、庭长、副庭长、审判员、助理审判员和人民陪审员。

4. 当事人提出回避申请，应当说明理由，在案件开始审理时提出；回避事由在案件开始审理后知道的，也可以在法庭辩论终结前提出。

【法律依据】

《中华人民共和国民事诉讼法》（2023 年 9 月 1 日）

第四十七条 审判人员有下列情形之一的，应当自行回避，当事人有权用口头或者书面方式申请他们回避：

（一）是本案当事人或者当事人、诉讼代理人近亲属的；

（二）与本案有利害关系的；

（三）与本案当事人、诉讼代理人有其他关系，可能影响对案件公正审理的。

审判人员接受当事人、诉讼代理人请客送礼，或者违反规定会见当事人、诉讼代理人的，当事人有权要求他们回避。

审判人员有前款规定的行为的，应当依法追究法律责任。

前三款规定，适用于书记员、翻译人员、鉴定人、勘验人。

第四十八条 当事人提出回避申请，应当说明理由，在案件开始审理时提出；回避事由在案件开始审理后知道的，也可以在法庭辩论终结前提出。

被申请回避的人员在人民法院作出是否回避的决定前，应当暂停参与本案的工作，但案件需要采取紧急措施的除外。

2. **复议申请书**（申请对驳回回避申请决定复议用）

复议申请书

复议申请人：×××，男/女，××××年××月××日出生，×族，……（写明工作单位和职务或者职业），住……。联系方式：……。

法定代理人/指定代理人：×××，……。

委托诉讼代理人：×××，……。

（以上写明复议申请人和其他诉讼参加人的姓名或者名称等基本信息）

请求事项：

请求对你院（××××）……号一案驳回回避申请的决定进行复议。

1. 撤销驳回回避申请决定；

2. 准许×××（写明被申请回避人员的诉讼地位和姓名）回避。

事实和理由：

复议申请人在你院（××××）……号……（写明当事人和案由）一案中，向你院申请……（写明被申请回避人员的诉讼地位和姓名）回避。你院（××××）……号决定书驳回回避申请。

……（写明申请复议的事实和理由）。

此致

××××人民法院

复议申请人（签名或者盖章）

××××年××月××日

【说　明】

1. 本样式根据《中华人民共和国民事诉讼法》**第五十条**制定，供申请人对驳回回避申请决定不服的，向人民法院申请复议用。

2. 当事人是法人或者其他组织的，写明名称住所。另起一行写明法定代表人、主要负责人及其姓名、职务、联系方式。

3. 申请人对决定不服的，可以在接到决定时申请复议一次。

【法律依据】

《中华人民共和国民事诉讼法》（2023 年 9 月 1 日）

第五十条　人民法院对当事人提出的回避申请，应当在申请提出的三日内，以口头或者书面形式作出决定。申请人对决定不服的，可以在接到决定时申请复议一次。复议期间，被申请回避的人员，不停止参与本案的工作。人民法院对复议申请，应当在三日内作出复议决定，并通知复议申请人。

三、诉讼参加人

1. **法定代表人身份证明书**（法人当事人用）

法定代表人身份证明书

×××在我（单位名称）担任……职务，系我（单位名称）的法定代表人。特此证明。

附：法定代表人联系地址：
　　　　　　联系电话：

××××年××月××日
（公章）

【说　明】

1. 本样式根据《中华人民共和国民事诉讼法》**第五十一条第二款**以及《最高人民法院关于适用〈中华人民共和国民事诉讼法〉的解释》第五十条、第五十一条制定，供法人当事人证明法定代表人身份用。

2. 法人的法定代表人以依法登记的为准，但法律另有规定的除外。依法不需要办理登记的法人，以其正职负责人为法定代表人；没有正职负责人的，以其主持工作的副职负责人为法定代表人。法定代表人已经变更，但未完成登记，变更后的法定代表人要求代表法人参加诉讼的，人民法院可以准许。

3. 在诉讼中，法人的法定代表人变更的，由新的法定代表人继续进行诉讼，并应向人民法院提交新的法定代表人身份证明书。原法定代表人进行的诉讼行为有效。

【法律依据】

1. **《中华人民共和国民事诉讼法》**（2023年9月1日）

第五十一条第二款　法人由其法定代表人进行诉讼。其他组织由其主要负责人进行诉讼。

2. **《最高人民法院关于适用〈中华人民共和国民事诉讼法〉的解释》**（2022年4月1日）

第五十条　法人的法定代表人以依法登记的为准，但法律另有规定的除外。依法不需要办理登记的法人，以其正职负责人为法定代表人；没有正职负责人的，以其主持工作的副职负责人为法定代表人。

法定代表人已经变更，但未完成登记，变更后的法定代表人要求代表法人参加诉讼的，人民法院可以准许。

其他组织，以其主要负责人为代表人。

第五十一条　在诉讼中，法人的法定代表人变更的，由新的法定代表人继续进行诉讼，并应向人民法院提交新的法定代表人身份证明书。原法定代表人进行的诉讼行为有效。

前款规定，适用于其他组织参加的诉讼。

2. **主要负责人身份证明书**（其他组织的当事人用）

主要负责人身份证明书

×××在我（单位名称）担任……职务，系我单位（单位名称）的主要负责人。

特此证明。

附：主要负责人联系地址：

联系电话：

××××年××月××日

（公章）

【说　明】

1. 本样式根据《中华人民共和国民事诉讼法》**第五十一条第二款**以及《最高人民法院关于适用〈中华人民共和国民事诉讼法〉的解释》第五十条、第五十一条制定，供其他组织当事人证明代表人身份用。

2. 其他组织，以其主要负责人为代表人。

【法律依据】

1. **《中华人民共和国民事诉讼法》**（2023年9月1日）

第五十一条第二款　法人由其法定代表人进行诉讼。其他组织由其主要负责人进行诉讼。

2. **《最高人民法院关于适用〈中华人民共和国民事诉讼法〉的解释》**（2022年4月1日）

第五十条　法人的法定代表人以依法登记的为准，但法律另有规定的除外。依法不需要办理登记的法人，以其正职负责人为法定代表人；没有正职负责人的，以其主持工作的副职负责人为法定代表人。

法定代表人已经变更，但未完成登记，变更后的法定代表人要求代表法人参加诉讼的，人民法院可以准许。

其他组织，以其主要负责人为代表人。

第五十一条　在诉讼中，法人的法定代表人变更的，由新的法定代表人继续进行诉讼，并应向人民法院提交新的法定代表人身份证明书。原法定代表人进行的诉讼行为有效。

前款规定，适用于其他组织参加的诉讼。

3. **共同诉讼代表人推选书**（共同诉讼当事人推选代表人用）

共同诉讼代表人推选书

我们共同推选×××、×××为我方参加诉讼的代表人，其诉讼行为对全体推选人/单位发生效力。

特此证明。

附：代表人联系地址：

　　　　联系电话：

推选人（签名或者盖章）

××××年××月××日

【说　明】

1. 本样式根据《中华人民共和国民事诉讼法》**第五十六条、第五十七条**以及《最高人民法院关于适用〈中华人民共和国民事诉讼法〉的解释》第七十六条、第七十七条、第七十八条制定，供共同诉讼当事人推选代表人参加诉讼用。

2. 当事人一方人数众多在起诉时确定的，可以由全体当事人推选共同的代表人，也可以由部分当事人推选自己的代表人；推选不出代表人的当事人，在必要的共同诉讼中可以自己参加诉讼，在普通的共同诉讼中可以另行起诉。

3. 当事人一方人数众多在起诉时不确定的，由当事人推选代表人。当事人推选不出的，可以由人民法院提出人选与当事人协商；协商不成的，也可以由人民法院在起诉的当事人中指定代表人。

4. 代表人为二至五人。

5. 本推选书由推选人共同签名或者盖章后递交人民法院。

【法律依据】

1. **《中华人民共和国民事诉讼法》**（2023 年 9 月 1 日）

第五十六条　当事人一方人数众多的共同诉讼，可以由当事人推选代表人进行诉讼。代表人的诉讼行为对其所代表的当事人发生效力，但代表人变更、放弃诉讼请求或者承认对方当事人的诉讼请求，进行和解，必须经被代表的当事人同意。

第五十七条　诉讼标的是同一种类、当事人一方人数众多在起诉时人数尚未确定的，人民法院可以发出公告，说明案件情况和诉讼请求，通知权利人在一定期间向人民法院登记。

向人民法院登记的权利人可以推选代表人进行诉讼；推选不出代表人的，人民法院可以与参加登记的权利人商定代表人。

代表人的诉讼行为对其所代表的当事人发生效力，但代表人变更、放弃诉讼请求或者承认对方当事人的诉讼请求，进行和解，必须经被代表的当事人同意。

人民法院作出的判决、裁定，对参加登记的全体权利人发生效力。未参加登记的权利人在诉讼时效期间提起诉讼的，适用该判决、裁定。

2.《**最高人民法院关于适用〈中华人民共和国民事诉讼法〉的解释**》(2022年4月1日)

第七十六条 依照民事诉讼法第五十六条规定，当事人一方人数众多在起诉时确定的，可以由全体当事人推选共同的代表人，也可以由部分当事人推选自己的代表人；推选不出代表人的当事人，在必要的共同诉讼中可以自己参加诉讼，在普通的共同诉讼中可以另行起诉。

第七十七条 根据民事诉讼法第五十七条规定，当事人一方人数众多在起诉时不确定的，由当事人推选代表人。当事人推选不出的，可以由人民法院提出人选与当事人协商；协商不成的，也可以由人民法院在起诉的当事人中指定代表人。

第七十八条 民事诉讼法第五十六条和第五十七条规定的代表人为二至五人，每位代表人可以委托一至二人作为诉讼代理人。

4. **授权委托书**（公民委托诉讼代理人用）

授权委托书

委托人：×××，男/女，××××年××月××日出生，×族，……（写明工作单位和职务或者职业），住……。联系方式：……。

受委托人：×××，××律师事务所律师，联系方式：……。

受委托人：×××，男/女，××××年××月××日出生，×族，……（写明工作单位和职务或者职业），住……。联系方式：……。受托人系委托人的……（写明受托人与委托人的关系）。

现委托×××、×××在……（写明当事人和案由）一案中，作为我方参加诉讼的委托诉讼代理人。

委托事项与权限如下：

委托诉讼代理人×××的代理事项和权限：

……

委托诉讼代理人×××的代理事项和权限：

……

委托人（签名）

××××年××月××日

【说　明】

1. 本样式根据《中华人民共和国民事诉讼法》**第五十二条、第六十一条、第六十二条**以及《最高人民法院关于适用〈中华人民共和国民事诉讼法〉的解释》第七十八条、第八十五条制定，供公民当事人、法定代理人、共同诉讼代表人委托诉讼代理人参加诉讼用。

2. 当事人、法定代理人、共同诉讼代表人可以委托一至二人作为诉讼代理人。当事人有权委托诉讼代理人，提出回避申请，收集、提供证据，进行辩论，请求调解，提出上诉，申请执行。

3. 下列人员可以被委托为诉讼代理人：（一）律师、基层法律服务工作者；（二）当事人的近亲属或者工作人员；（三）当事人所在社区、单位及有关社会团体推荐的公民。

4. 与当事人有夫妻、直系血亲、三代以内旁系血亲、近姻亲关系以及其他有抚养、赡养关系的亲属，可以当事人近亲属的名义作为诉讼代理人。

5. 诉讼代理人除根据民事诉讼法**第六十二条**规定提交授权委托书外，还应当按照下列规定向人民法院提交相关材料：（一）律师应当提交律师执业证、律师事务所证明材料；（二）基层法律服务工作者应当提交法律服务工作者执业证、基层法律服务所出具的介绍信以及当事人一方位于本辖区内的证明材料；（三）当事人的近亲属应当提交身份证件和与委托人有近亲属关系的证明材料；（四）当事人的工作人员应当提交身份证件和与当事人有合法劳动人事关系的证明材料；（五）当事人所在社区、单位推荐的公民应当提交身份证件、推荐材料和当事人属于该社区、单位的证明材料；（六）有关社会团体推荐的公民应当提交身份证件和符合本解释第八十七条规定条件的证明材料。

6. 授权委托书必须记明委托事项和权限。诉讼代理人代为承认、放弃、变更诉讼请求，进行和解，提起反诉或者上诉，必须有委托人的特别授权。

【法律依据】

1. **《中华人民共和国民事诉讼法》**（2023 年 9 月 1 日）

第五十二条　当事人有权委托代理人，提出回避申请，收集、提供证据，进行辩论，请求调解，提起上诉，申请执行。

当事人可以查阅本案有关材料，并可以复制本案有关材料和法律文书。查阅、复制本案有关材料的范围和办法由最高人民法院规定。

当事人必须依法行使诉讼权利，遵守诉讼秩序，履行发生法律效力的判决书、裁定书和调解书。

第六十一条 当事人、法定代理人可以委托一至二人作为诉讼代理人。

下列人员可以被委托为诉讼代理人：

（一）律师、基层法律服务工作者；

（二）当事人的近亲属或者工作人员；

（三）当事人所在社区、单位以及有关社会团体推荐的公民。

第六十二条 委托他人代为诉讼，必须向人民法院提交由委托人签名或者盖章的授权委托书。

授权委托书必须记明委托事项和权限。诉讼代理人代为承认、放弃、变更诉讼请求，进行和解，提起反诉或者上诉，必须有委托人的特别授权。

侨居在国外的中华人民共和国公民从国外寄交或者托交的授权委托书，必须经中华人民共和国驻该国的使领馆证明；没有使领馆的，由与中华人民共和国有外交关系的第三国驻该国的使领馆证明，再转由中华人民共和国驻该第三国使领馆证明，或者由当地的爱国华侨团体证明。

2. **《最高人民法院关于适用〈中华人民共和国民事诉讼法〉的解释》**（2022年4月1日）

第七十八条 民事诉讼法第五十六条和第五十七条规定的代表人为二至五人，每位代表人可以委托一至二人作为诉讼代理人。

第八十五条 根据民事诉讼法第六十一条第二款第二项规定，与当事人有夫妻、直系血亲、三代以内旁系血亲、近姻亲关系以及其他有抚养、赡养关系的亲属，可以当事人近亲属的名义作为诉讼代理人。

第八十七条 根据民事诉讼法第六十一条第二款第三项规定，有关社会团体推荐公民担任诉讼代理人的，应当符合下列条件：

（一）社会团体属于依法登记设立或者依法免予登记设立的非营利性法人组织；

（二）被代理人属于该社会团体的成员，或者当事人一方住所地位于该社会团体的活动地域；

（三）代理事务属于该社会团体章程载明的业务范围；

（四）被推荐的公民是该社会团体的负责人或者与该社会团体有合法劳动人事关系的工作人员。

专利代理人经中华全国专利代理人协会推荐，可以在专利纠纷案件中担任诉讼代理人。

5. **授权委托书**（法人或者其他组织委托诉讼代理人用）

授权委托书

委托单位：×××，住所……。

法定代表人或主要负责人：×××，……（写明职务），联系方式：……。

受委托人：×××，××律师事务所律师，联系方式：……。

受委托人：×××，……（写明受托人所在单位及职务），联系方式：……。

现委托×××、×××在……（写明当事人和案由）一案中，作为我单位参加诉讼的委托诉讼代理人。

委托诉讼代理人×××的代理事项和权限：

……

委托单位（公章和签名）

××××年××月××日

【说　明】

1. 本样式根据《中华人民共和国民事诉讼法》**第五十二条、第六十一条、第六十二条**以及《最高人民法院关于适用〈中华人民共和国民事诉讼法〉的解释》第七十八条、第八十六条制定，供法人或者其他组织当事人委托诉讼代理人参加诉讼用。

2. 当事人可以委托一至二人作为诉讼代理人。当事人有权委托诉讼代理人，提出回避申请，收集、提供证据，进行辩论，请求调解，提出上诉，申请执行。

3. 下列人员可以被委托为诉讼代理人：（一）律师、基层法律服务工作者；（二）当事人的近亲属或者工作人员；（三）当事人所在社区、单位及有关社会团体推荐的公民。

4. 与当事人有合法劳动人事关系的职工，可以当事人工作人员的名义作为诉讼代理人。

5. 根据民事诉讼法**第六十一条第二款第三项**规定，有关社会团体推荐公民担任诉讼代理人的，应当符合下列条件：（一）社会团体属于依法登记设立或者依法免予登记设立的非营利性法人组织；（二）被代理人属于该社会团体的成员，或者当事人一方住所地位于该社会团体的活动地域；（三）代理事务属于该社会团体章程载明的业务范围；（四）被推荐的公民是该社会团体的负责人或者与该社会团体有合法劳动人事关系的工作人员。专利代理人经中华全国专利代理人协会推荐，可以在专利纠纷案件中担任诉讼代理人。

6. 诉讼代理人除根据民事诉讼法**第六十二条**规定提交授权委托书外，还应当按照下列规定向人民法院提交相关材料：（一）律师应当提交律师执业证、律师事务所证明材料；（二）基层法律服务工作者应当提交法律服务工作者执业证、基层法律服务所出具的介绍信以及当事人一方位于本辖区内的证明材料；（三）当事人的近亲属应当提交身份证件和与委托人有近亲属关系的证明材料；（四）当事人的工作人员应当提交身份证件和与当事人有合法劳动人事关系的证明材料；（五）当事人所在社区、单位推荐的公民应当提交身份证件、推荐材料和当事人属于该社区、单位的证明材料；（六）有关社会团体推荐的公民应当提交身份证件和符合本解释第八十七条规定条件的证明材料。

7. 授权委托书必须记明委托事项和权限。诉讼代理人代为承认、放弃、变更诉讼请求，进行和解，提起反诉或者上诉，必须有委托人的特别授权。

【法律依据】

1.《**中华人民共和国民事诉讼法**》(2023 年 9 月 1 日)

第五十二条 当事人有权委托代理人，提出回避申请，收集、提供证据，进行辩论，请求调解，提起上诉，申请执行。

当事人可以查阅本案有关材料，并可以复制本案有关材料和法律文书。查阅、复制本案有关材料的范围和办法由最高人民法院规定。

当事人必须依法行使诉讼权利，遵守诉讼秩序，履行发生法律效力的判决书、裁定书和调解书。

第六十一条 当事人、法定代理人可以委托一至二人作为诉讼代理人。

下列人员可以被委托为诉讼代理人：

(一) 律师、基层法律服务工作者；

(二) 当事人的近亲属或者工作人员；

(三) 当事人所在社区、单位以及有关社会团体推荐的公民。

第六十二条 委托他人代为诉讼，必须向人民法院提交由委托人签名或者盖章的授权委托书。

授权委托书必须记明委托事项和权限。诉讼代理人代为承认、放弃、变更诉讼请求，进行和解，提起反诉或者上诉，必须有委托人的特别授权。

侨居在国外的中华人民共和国公民从国外寄交或者托交的授权委托书，必须经中华人民共和国驻该国的使领馆证明；没有使领馆的，由与中华人民共和国有外交关系的第三国驻该国的使领馆证明，再转由中华人民共和国驻该第三国使领馆证明，或者由当地的爱国华侨团体证明。

2.《**最高人民法院关于适用〈中华人民共和国民事诉讼法〉的解释**》(2022 年 4 月 1 日)

第七十八条 民事诉讼法第五十六条和第五十七条规定的代表人为二至五人，每位代表人可以委托一至二人作为诉讼代理人。

第八十六条 根据民事诉讼法第六十一条第二款第二项规定，与当事人有合法劳动人事关系的职工，可以当事人工作人员的名义作为诉讼代理人。

第八十七条 根据民事诉讼法第六十一条第二款第三项规定，有关社会团体推荐公民担任诉讼代理人的，应当符合下列条件：

(一) 社会团体属于依法登记设立或者依法免予登记设立的非营利性法人组织；

（二）被代理人属于该社会团体的成员，或者当事人一方住所地位于该社会团体的活动地域；

（三）代理事务属于该社会团体章程载明的业务范围；

（四）被推荐的公民是该社会团体的负责人或者与该社会团体有合法劳动人事关系的工作人员。

专利代理人经中华全国专利代理人协会推荐，可以在专利纠纷案件中担任诉讼代理人。

6. **推荐函**（推荐委托诉讼代理人用）

推荐函

××××人民法院：

……（写明当事人和案由）一案中，我单位推荐×××担任×××的委托诉讼代理人。

委托诉讼代理人×××的代理事项和权限：

……

推荐人（公章和签名）

××××年××月××日

【说　明】

1. 本样式根据《中华人民共和国民事诉讼法》**第六十一条第二款第三项**以及《最高人民法院关于适用〈中华人民共和国民事诉讼法〉的解释》第八十七条、第八十八条制定，供当事人所在社区、单位以及有关社会团体推荐符合条件的公民担任诉讼代理人用。

2. 有关社会团体推荐公民担任诉讼代理人的，应当符合下列条件：（一）社会团体属于依法登记设立或者依法免予登记设立的非营利性法人组织；（二）被代理人属于该社会团体的成员，或者当事人一方住所地位于该社会团体的活动地域；（三）代理事务属于该社会团体章程载明的业务范围；（四）被推荐的公民是该社会团体的主要负责人或者与该社会团体有合法劳动人事关系的工作人员。

3. 专利代理人经中华全国专利代理人协会推荐，可以在专利纠纷案件中担任诉讼代理人。

【法律依据】

1. **《中华人民共和国民事诉讼法》**（2023 年 9 月 1 日）

第六十一条第二款　下列人员可以被委托为诉讼代理人：

（一）律师、基层法律服务工作者；

（二）当事人的近亲属或者工作人员；

（三）当事人所在社区、单位以及有关社会团体推荐的公民。

2. **《最高人民法院关于适用〈中华人民共和国民事诉讼法〉的解释》**（2022 年 4 月 1 日）

第八十七条　根据民事诉讼法第六十一条第二款第三项规定，有关社会团体推荐公民担任诉讼代理人的，应当符合下列条件：

（一）社会团体属于依法登记设立或者依法免予登记设立的非营利性法人组织；

（二）被代理人属于该社会团体的成员，或者当事人一方住所地位于该社会团体的活动地域；

（三）代理事务属于该社会团体章程载明的业务范围；

（四）被推荐的公民是该社会团体的负责人或者与该社会团体有合法劳动人事关系的工作人员。

专利代理人经中华全国专利代理人协会推荐，可以在专利纠纷案件中担任诉讼代理人。

第八十八条 诉讼代理人除根据民事诉讼法第六十二条规定提交授权委托书外，还应当按照下列规定向人民法院提交相关材料：

（一）律师应当提交律师执业证、律师事务所证明材料；

（二）基层法律服务工作者应当提交法律服务工作者执业证、基层法律服务所出具的介绍信以及当事人一方位于本辖区内的证明材料；

（三）当事人的近亲属应当提交身份证件和与委托人有近亲属关系的证明材料；

（四）当事人的工作人员应当提交身份证件和与当事人有合法劳动人事关系的证明材料；

（五）当事人所在社区、单位推荐的公民应当提交身份证件、推荐材料和当事人属于该社区、单位的证明材料；

（六）有关社会团体推荐的公民应当提交身份证件和符合本解释第八十七条规定条件的证明材料。

四、证　　据

1. **申请书**（申请延长举证期限用）

申请书

申请人：×××，男/女，××××年××月××日出生，×族，……（写明工作单位和职务或者职业），住……。联系方式：……。

法定代理人/指定代理人：×××，……。

委托诉讼代理人：×××，……。

（以上写明申请人和其他诉讼参加人的姓名或者名称等基本信息）

请求事项：

申请延长你院（××××）……号……（写明当事人和案由）一案的举证期限至××××年××月××日。

事实和理由：

申请人×××与×××……（写明案由）一案，原定举证期限自××××年××月××日至××××年××月××日。……（写明申请延长举证期限的理由）。

此致

××××人民法院

申请人（签名或者公章）

××××年××月××日

【说　明】

1. 本样式根据《最高人民法院关于适用〈中华人民共和国民事诉讼法〉的解释》第一百条第一款制定，供当事人在举证期限届满前，向人民法院书面申请延长举证期限用。

2. 当事人是法人或者其他组织的，写明名称住所。另起一行写明法定代表人、主要负责人及其姓名、职务、联系方式。

【法律依据】

《最高人民法院关于适用〈中华人民共和国民事诉讼法〉的解释》（2022年4月1日）

第一百条第一款　当事人申请延长举证期限的，应当在举证期限届满前向人民法院提出书面申请。

2. **申请书**（申请人民法院调查收集证据用）

申请书

申请人：×××，男/女，××××年××月××日出生，×族，……（写明工作单位和职务或者职业），住……。联系方式：……。

法定代理人/指定代理人：×××，……。

委托诉讼代理人：×××，……。

（以上写明申请人和其他诉讼参加人的姓名或者名称等基本信息）

请求事项：

申请你院调查收集……（写明证据名称）。

事实和理由：

你院（××××）……号……（写明当事人和案由）一案，……（写明申请人因客观原因不能自行收集，申请法院调查收集证据的理由。）

此致

××××人民法院

申请人（签名或者公章）

××××年××月××日

【说　明】

1. 本样式根据《中华人民共和国民事诉讼法》**第六十七条第二款**以及《最高人民法院关于适用〈中华人民共和国民事诉讼法〉的解释》第九十四条制定，供当事人和其他诉讼参加人因客观原因不能自行收集的证据，申请人民法院调查收集证据用。

2. 当事人是法人或者其他组织的，写明名称住所。另起一行写明法定代表人、主要负责人及其姓名、职务、联系方式。

3. 当事人和其他诉讼参加人因客观原因不能自行收集的证据包括：（一）证据由国家有关部门保存，当事人和其他诉讼参加人无权查阅调取的；（二）涉及国家秘密、商业秘密或者个人隐私的；（三）当事人和其他诉讼参加人因客观原因不能自行收集的其他证据。

4. 当事人和其他诉讼参加人因客观原因不能自行收集的证据，可以在举证期限届满前书面申请人民法院调查收集。

【法律依据】

1. **《中华人民共和国民事诉讼法》**（2023年9月1日）

第六十七条第二款　当事人及其诉讼代理人因客观原因不能自行收集的证据，或者人民法院认为审理案件需要的证据，人民法院应当调查收集。

2. **《最高人民法院关于适用〈中华人民共和国民事诉讼法〉的解释》**（2022年4月1日）

第九十四条　民事诉讼法第六十七条第二款规定的当事人及其诉讼代理人因客观原因不能自行收集的证据包括：

（一）证据由国家有关部门保存，当事人及其诉讼代理人无权查阅调取的；

（二）涉及国家秘密、商业秘密或者个人隐私的；

（三）当事人及其诉讼代理人因客观原因不能自行收集的其他证据。

当事人及其诉讼代理人因客观原因不能自行收集的证据，可以在举证期限届满前书面申请人民法院调查收集。

3. **申请书**（申请书证提出命令用）

申请书

申请人：×××，男/女，××××年××月××日出生，×族，……（写明工作单位和职务或者职业），住……。联系方式：……。

法定代理人/指定代理人：×××，……。

委托诉讼代理人：×××，……。

被申请人：×××，……。

……

（以上写明当事人和其他诉讼参加人的姓名或者名称等基本信息）

请求事项：

裁定责令×××提交……（写明书证名称）。

事实和理由：

你院（××××）……号……（写明当事人和案由）一案，……（写明书证在被申请人的控制之下的事实以及申请书证提出命令的理由）。

此致

××××人民法院

申请人（签名或者公章）

××××年××月××日

【说 明】

1. 本样式根据《中华人民共和国民事诉讼法》**第六十七条**以及《最高人民法院关于适用〈中华人民共和国民事诉讼法〉的解释》第一百一十二条制定，供承担举证证明责任的当事人向人民法院提出书面申请，责令对方当事人提交其控制之下的书证用。

2. 当事人是法人或者其他组织的，写明名称住所。另起一行写明法定代表人、主要负责人及其姓名、职务、联系方式。

3. 承担举证证明责任的当事人可以在举证期限届满前，向人民法院提出书面申请。

4. 申请理由成立的，人民法院应当责令对方当事人提交，因提交书证所产生的费用，由申请人负担。

【法律依据】

1. **《中华人民共和国民事诉讼法》**（2023 年 9 月 1 日）

第六十七条 当事人对自己提出的主张，有责任提供证据。

当事人及其诉讼代理人因客观原因不能自行收集的证据，或者人民法院认为审理案件需要的证据，人民法院应当调查收集。

人民法院应当按照法定程序，全面地、客观地审查核实证据。

2. **《最高人民法院关于适用〈中华人民共和国民事诉讼法〉的解释》**（2022 年 4 月 1 日）

第一百一十二条 书证在对方当事人控制之下的，承担举证证明责任的当事人可以在举证期限届满前书面申请人民法院责令对方当事人提交。

申请理由成立的，人民法院应当责令对方当事人提交，因提交书证所产生的费用，由申请人负担。对方当事人无正当理由拒不提交的，人民法院可以认定申请人所主张的书证内容为真实。

4. **申请书**（申请通知证人出庭作证用）

申请书

申请人：×××，男/女，××××年××月××日出生，×族，……（写明工作单位和职务或者职业），住……。联系方式：……。

法定代理人/指定代理人：×××，……。

委托诉讼代理人：×××，……。

（以上写明申请人和其他诉讼参加人的姓名或者名称等基本信息）

请求事项：

因（××××）……号……（写明当事人和案由）一案，申请你院通知×××出庭作证，以证明……（写明待证事实）。

事实和理由：

……（写明申请证人出庭的事实和理由）。

此致

××××人民法院

申请人（签名或者公章）

××××年××月××日

【说　明】

1. 本样式根据《中华人民共和国民事诉讼法》**第七十五条**以及《最高人民法院关于适用〈中华人民共和国民事诉讼法〉的解释》第一百一十七条第一款制定，供当事人在举证期限届满前，向人民法院申请通知证人出庭作证用。

2. 申请人是法人或者其他组织的，写明名称住所。另起一行写明法定代表人、主要负责人及其姓名、职务、联系方式。

3. 证人因履行出庭作证义务而支出的交通、住宿、就餐等必要费用以及误工损失，由败诉一方当事人负担。当事人申请证人作证的，由该当事人先行垫付。

【法律依据】

1. **《中华人民共和国民事诉讼法》**（2023 年 9 月 1 日）

第七十五条　凡是知道案件情况的单位和个人，都有义务出庭作证。有关单位的负责人应当支持证人作证。

不能正确表达意思的人，不能作证。

2. **《最高人民法院关于适用〈中华人民共和国民事诉讼法〉的解释》**（2022 年 4 月 1 日）

第一百一十七条第一款　当事人申请证人出庭作证的，应当在举证期限届满前提出。

5. **申请书**（申请鉴定用）

申请书

申请人：×××，男/女，××××年××月××日出生，×族，……（写明工作单位和职务或者职业），住……。联系方式：……。

法定代理人/指定代理人：×××，……。

委托诉讼代理人：×××，……。

（以上写明申请人和其他诉讼参加人的姓名或者名称等基本信息）

请求事项：

因（××××）……号……（写明当事人和案由）一案，申请对……（写明鉴定种类、鉴定事项）进行鉴定。

事实和理由：

……（写明申请鉴定的事实和理由）。

此致

××××人民法院

申请人（签名或者公章）

××××年××月××日

【说　明】

1. 本样式根据《中华人民共和国民事诉讼法》**第七十九条第一款**以及《最高人民法院关于适用〈中华人民共和国民事诉讼法〉的解释》第一百二十一条第一款制定，供当事人在举证期限届满前，向人民法院申请鉴定以查明事实的专门性问题用。

2. 申请人是法人或者其他组织的，写明名称住所。另起一行写明法定代表人、主要负责人及其姓名、职务、联系方式。

3. 当事人申请鉴定的，由双方当事人协商确定具备资格的鉴定人；协商不成的，由人民法院指定。

【法律依据】

1. **《中华人民共和国民事诉讼法》**（2023 年 9 月 1 日）

第七十九条第一款　当事人可以就查明事实的专门性问题向人民法院申请鉴定。当事人申请鉴定的，由双方当事人协商确定具备资格的鉴定人；协商不成的，由人民法院指定。

2. **《最高人民法院关于适用〈中华人民共和国民事诉讼法〉的解释》**（2022 年 4 月 1 日）

第一百二十一条第一款　当事人申请鉴定，可以在举证期限届满前提出。申请鉴定的事项与待证事实无关联，或者对证明待证事实无意义的，人民法院不予准许。

6. **申请书**（申请返还鉴定费用）

申请书

申请人：×××，男/女，××××年××月××日出生，×族，……（写明工作单位和职务或者职业），住……。联系方式：……。

法定代理人/指定代理人：×××，……。

委托诉讼代理人：×××，……。

被申请人：×××，……。

……

（以上写明当事人和其他诉讼参加人的姓名或者名称等基本信息）

请求事项：

裁定被申请人×××返还申请人×××鉴定费……元。

事实和理由：

你院（××××）……号……（写明当事人和案由）一案，……（写明申请返还鉴定费的事实和理由）。

此致

××××人民法院

申请人（签名或者公章）

××××年××月××日

【说　明】

1. 本样式根据《中华人民共和国民事诉讼法》**第八十一条**制定，供支付鉴定费用的当事人，向人民法院申请裁定拒不出庭作证的鉴定人返还鉴定费用。

2. 申请人是法人或者其他组织的，写明名称住所。另起一行写明法定代表人、主要负责人及其姓名、职务、联系方式。

3. 当事人对鉴定意见有异议或者人民法院认为鉴定人有必要出庭的，鉴定人应当出庭作证。经人民法院通知，鉴定人拒不出庭作证的，鉴定意见不得作为认定事实的根据；支付鉴定费用的当事人可以要求返还鉴定费用。

【法律依据】

《中华人民共和国民事诉讼法》（2023 年 9 月 1 日）

第八十一条　当事人对鉴定意见有异议或者人民法院认为鉴定人有必要出庭的，鉴定人应当出庭作证。经人民法院通知，鉴定人拒不出庭作证的，鉴定意见不得作为认定事实的根据；支付鉴定费用的当事人可以要求返还鉴定费用。

7. **申请书**（申请通知有专门知识的人出庭用）

申请书

申请人：×××，男/女，××××年××月××日出生，×族，……（写明工作单位和职务或者职业），住……。联系方式：……。

法定代理人/指定代理人：×××，……。

委托诉讼代理人：×××，……。

（以上写明申请人和其他诉讼参加人的姓名或者名称等基本信息）

请求事项：

因（××××）……号……（写明当事人和案由）一案，申请通知有专门知识的人×××，男/女，……（写明工作单位和职务或者职业），……（写明专业资质等信息）出庭，就鉴定人作出的鉴定意见或者专业问题提出意见。

事实和理由：

……（写明申请通知有专门知识的人出庭的事实和理由）。

此致

××××人民法院

申请人（签名或者公章）

××××年××月××日

【说　明】

1. 本样式根据《中华人民共和国民事诉讼法》**第八十二条**以及《最高人民法院关于适用〈中华人民共和国民事诉讼法〉的解释》第一百二十二条第一款制定，供当事人在举证期限届满前，向人民法院申请通知有专门知识的人出庭用。

2. 申请人是法人或者其他组织的，写明名称住所。另起一行写明法定代表人、主要负责人及其姓名、职务、联系方式。

3. 当事人可以申请一至二名具有专门知识的人出庭，代表当事人对鉴定意见进行质证，或者对案件事实所涉及的专业问题提出意见。

4. 具有专门知识的人在法庭上就专业问题提出的意见，视为当事人的陈述。

5. 人民法院准许当事人申请的，相关费用由提出申请的当事人负担。

【法律依据】

1. **《中华人民共和国民事诉讼法》**（2023 年 9 月 1 日）

第八十二条　当事人可以申请人民法院通知有专门知识的人出庭，就鉴定人作出的鉴定意见或者专业问题提出意见。

2. **《最高人民法院关于适用〈中华人民共和国民事诉讼法〉的解释》**（2022 年 4 月 1 日）

第一百二十二条第一款　当事人可以依照民事诉讼法第八十二条的规定，在举证期限届满前申请一至二名具有专门知识的人出庭，代表当事人对鉴定意见进行质证，或者对案件事实所涉及的专业问题提出意见。

8. **申请书**（申请诉前证据保全用）

申请书

申请人：×××，男/女，××××年××月××日出生，×族，……（写明工作单位和职务或者职业），住……。联系方式：……。

法定代理人/指定代理人：×××，……。

委托诉讼代理人：×××，……。

被申请人：×××，……。

……

（以上写明当事人和其他诉讼参加人的姓名或者名称等基本信息）

请求事项：

请求裁定……（写明证据保全措施）。

事实和理由：

……（写明诉前/仲裁前申请证据保全的事实和理由）。

申请人提供……（写明担保财产的名称、性质、数量或数额、所在地等）作为担保。

此致

××××人民法院

申请人（签名或者公章）

××××年××月××日

【说　明】

1. 本样式根据《中华人民共和国民事诉讼法》**第八十四条**制定，供利害关系人在提起诉讼或者申请仲裁前，向人民法院申请诉前证据保全用。

2. 当事人是法人或者其他组织的，写明名称住所。另起一行写明法定代表人、主要负责人及其姓名、职务、联系方式。

3. 利害关系人申请诉前证据保全，可以在提起诉讼或者申请仲裁前向证据所在地、被申请人住所地或者对案件有管辖权的人民法院提出。

【法律依据】

《中华人民共和国民事诉讼法》（2023 年 9 月 1 日）

第八十四条　在证据可能灭失或者以后难以取得的情况下，当事人可以在诉讼过程中向人民法院申请保全证据，人民法院也可以主动采取保全措施。

因情况紧急，在证据可能灭失或者以后难以取得的情况下，利害关系人可以在提起诉讼或者申请仲裁前向证据所在地、被申请人住所地或者对案件有管辖权的人民法院申请保全证据。

证据保全的其他程序，参照适用本法第九章保全的有关规定。

9. **申请书**（申请诉讼证据保全用）

申请书

申请人：×××，男/女，××××年××月××日出生，×族，……（写明工作单位和职务或者职业），住……。联系方式：……。

法定代理人/指定代理人：×××，……。

委托诉讼代理人：×××，……。

被申请人：×××，……。

……

（以上写明当事人和其他诉讼参加人的姓名或者名称等基本信息）

请求事项：

因（××××）……号……（写明当事人和案由）一案，请求裁定……（写明证据保全措施）。

事实和理由：

……（写明申请诉讼证据保全的事实和理由）。

此致

××××人民法院

申请人（签名或者公章）

××××年××月××日

【说　明】

1. 本样式根据《中华人民共和国民事诉讼法》**第八十四条第一款**制定，供当事人在诉讼过程中，向人民法院申请诉讼证据保全用。

2. 当事人是法人或者其他组织的，写明名称住所。另起一行写明法定代表人、主要负责人及其姓名、职务、联系方式。

3. 在证据可能灭失或者以后难以取得的情况下，当事人可以在诉讼过程中向人民法院书面提出证据保全申请。

【法律依据】

《中华人民共和国民事诉讼法》（2023 年 9 月 1 日）

第八十四条第一款　在证据可能灭失或者以后难以取得的情况下，当事人可以在诉讼过程中向人民法院申请保全证据，人民法院也可以主动采取保全措施。

五、期间、送达

1. **申请书**（申请顺延期限用）

申请书

申请人：×××，男/女，××××年××月××日出生，×族，……（写明工作单位和职务或者职业），住……。联系方式：……。

法定代理人/指定代理人：×××，……。

委托诉讼代理人：×××，……。

（以上写明申请人和其他诉讼参加人的姓名或者名称等基本信息）

请求事项：

因（××××）……号……（写明当事人和案由）一案，请求顺延……（写明请求顺延事项）期限至××××年××月××日。

事实和理由：

……（写明申请顺延期限的理由）。

此致

××××人民法院

申请人（签名或者公章）

××××年××月××日

【说　明】

1. 本样式根据《中华人民共和国民事诉讼法》**第八十六条**制定，供当事人因不可抗拒的事由或者其他正当理由耽误期限的，在障碍消除后的十日内，向人民法院申请顺延期限用。

2. 申请人是法人或者其他组织的，写明名称住所。另起一行写明法定代表人、主要负责人及其姓名、职务、联系方式。

3. 申请顺延期限是否准许，由人民法院决定。

【法律依据】

《中华人民共和国民事诉讼法》（2023 年 9 月 1 日）

第八十六条　当事人因不可抗拒的事由或者其他正当理由耽误期限的，在障碍消除后的十日内，可以申请顺延期限，是否准许，由人民法院决定。

六、调　　解

1. 意见书（离婚案件当事人出具书面意见用）

意见书

提交意见人：×××，男/女，××××年××月××日出生，×族，……（写明工作单位和职务或者职业），住……。联系方式：……。

你院××××年××月××日立案受理了（××××）……号原告×××与被告×××离婚纠纷一案。本人因……（写明理由），无法出庭参加××××年××月××日调解。

书面意见：

……

（以上写明对于离婚、子女抚养、财产处置等意见）

此致

××××人民法院

提交意见人（签名）

××××年××月××日

【说　明】

1. 本样式根据《最高人民法院关于适用〈中华人民共和国民事诉讼法〉的解释》第一百四十七条第二款制定，供离婚案件当事人确因特殊情况无法出庭参加调解的，向人民法院出具书面意见用。

2. 离婚案件当事人确因特殊情况无法出庭参加调解的，除本人不能表达意志的以外，应当出具书面意见。

【法律依据】

《最高人民法院关于适用〈中华人民共和国民事诉讼法〉的解释》（2022年4月1日）

第一百四十七条第二款　离婚案件当事人确因特殊情况无法出庭参加调解的，除本人不能表达意志的以外，应当出具书面意见。

七、保全和先予执行

1. **申请书**（诉前或者仲裁前申请财产保全用）

申请书

申请人：×××，男/女，××××年××月××日出生，×族，……（写明工作单位和职务或者职业），住……。联系方式：……。

法定代理人/指定代理人：×××，……。

委托诉讼代理人：×××，……。

被申请人：×××，……。

……

（以上写明当事人和其他诉讼参加人的姓名或者名称等基本信息）

请求事项：

查封/扣押/冻结被申请人×××的……（写明保全财产的名称、性质、数量或数额、所在地等），期限为×年×月×日。

事实和理由：

……（写明诉前/仲裁前申请财产保全的事实和理由）。

申请人提供……（写明担保财产的名称、性质、数量或数额、所在地等）作为担保。

此致

××××人民法院

申请人（签名或盖章）

××××年××月××日

【说　明】

1. 本样式根据《中华人民共和国民事诉讼法》**第一百零四条第一款**制定，供利害关系人在提起诉讼或者申请仲裁前，向人民法院申请诉前财产保全用。

2. 当事人是法人或者其他组织的，写明名称住所。另起一行写明法定代表人、主要负责人及其姓名、职务、联系方式。

3. 利害关系人因情况紧急，不立即申请保全将会使其合法权益受到难以弥补的损害的，可以在提起诉讼或者申请仲裁前向被保全财产所在地、被申请人住所地或者对案件有管辖权的人民法院申请采取保全措施。

4. 利害关系人申请诉前保全的，应当提供担保。申请诉前财产保全的，应当提供相当于请求保全数额的担保；情况特殊的，人民法院可以酌情处理。

5. 申请有错误的，申请人应当赔偿被申请人因保全所遭受的损失。

【法律依据】

《中华人民共和国民事诉讼法》（2023 年 9 月 1 日）

第一百零四条第一款　利害关系人因情况紧急，不立即申请保全将会使其合法权益受到难以弥补的损害的，可以在提起诉讼或者申请仲裁前向被保全财产所在地、被申请人住所地或者对案件有管辖权的人民法院申请采取保全措施。申请人应当提供担保，不提供担保的，裁定驳回申请。

2. **申请书**（申请诉前/仲裁前行为保全用）

申请书

申请人：×××，男/女，××××年××月××日出生，×族，……（写明工作单位和职务或者职业），住……。联系方式：……。

法定代理人/指定代理人：×××，……。

委托诉讼代理人：×××，……。

被申请人：×××，……。

……

（以上写明当事人和其他诉讼参加人的姓名或者名称等基本信息）

请求事项：

请求××××人民法院……（写明行为保全事项）。

事实和理由：

……（写明诉前/仲裁前申请行为保全的事实和理由）。

申请人提供……（写明担保财产的名称、性质、数量或数额、所在地等）作为担保。

此致

××××人民法院

申请人（签名或者盖章）

××××年××月××日

【说　明】

1. 本样式根据《中华人民共和国民事诉讼法》**第一百零四条第一款**制定，供利害关系人在提起诉讼或者申请仲裁前，向人民法院申请诉前行为保全用。

2. 当事人是法人或者其他组织的，写明名称住所。另起一行写明法定代表人、主要负责人及其姓名、职务、联系方式。

3. 利害关系人因情况紧急，不立即申请保全将会使其合法权益受到难以弥补的损害的，可以在提起诉讼或者申请仲裁前向被保全财产所在地、被申请人住所地或者对案件有管辖权的人民法院申请采取保全措施。

4. 利害关系人申请诉前保全的，应当提供担保，不提供担保的，人民法院裁定驳回申请。申请诉前行为保全的，担保的数额由人民法院根据案件的具体情况决定。

5. 申请有错误的，申请人应当赔偿被申请人因保全所遭受的损失。

【法律依据】

《中华人民共和国民事诉讼法》（2023 年 9 月 1 日）

第一百零四条第一款　利害关系人因情况紧急，不立即申请保全将会使其合法权益受到难以弥补的损害的，可以在提起诉讼或者申请仲裁前向被保全财产所在地、被申请人住所地或者对案件有管辖权的人民法院申请采取保全措施。申请人应当提供担保，不提供担保的，裁定驳回申请。

3. **申请书**（申请诉讼财产保全用）

申请书

申请人：×××，男/女，××××年××月××日出生，×族，……（写明工作单位和职务或者职业），住……。联系方式：……。

法定代理人/指定代理人：×××，……。

委托诉讼代理人：×××，……。

被申请人：×××，……。

……

（以上写明当事人和其他诉讼参加人的姓名或者名称等基本信息）

请求事项：

查封/扣押/冻结被申请人×××的……（写明保全财产的名称、性质、数量、数额、所在地等），期限为……年/月/日（写明保全的期限）。

事实和理由：

（××××）……号……（写明当事人和案由）一案，……（写明申请诉讼财产保全的事实和理由）。

申请人提供……（写明担保财产的名称、性质、数量、数额、所在地等）作为担保。

此致

××××人民法院

申请人（签名或者盖章）

××××年××月××日

【说 明】

1. 本样式根据《中华人民共和国民事诉讼法》**第一百零三条第一款**制定，供当事人在诉讼过程中，向人民法院申请诉讼财产保全用。

2. 当事人是法人或者其他组织的，写明名称住所。另起一行写明法定代表人、主要负责人及其姓名、职务、联系方式。

3. 在诉讼过程中，对于可能因当事人一方的行为或者其他原因，使判决难以执行或者造成当事人其他损害的案件，当事人可以向人民法院申请诉讼财产保全。

4. 当事人是否应当提供担保以及担保的数额，由人民法院根据案件的具体情况决定。

5. 申请有错误的，申请人应当赔偿被申请人因保全所遭受的损失。

【法律依据】

《中华人民共和国民事诉讼法》（2023 年 9 月 1 日）

第一百零三条第一款 人民法院对于可能因当事人一方的行为或者其他原因，使判决难以执行或者造成当事人其他损害的案件，根据对方当事人的申请，可以裁定对其财产进行保全、责令其作出一定行为或者禁止其作出一定行为；当事人没有提出申请的，人民法院在必要时也可以裁定采取保全措施。

4. **申请书**（申请诉讼行为保全用）

申请书

申请人：×××，男/女，××××年××月××日出生，×族，……（写明工作单位和职务或者职业），住……。联系方式：……。

法定代理人/指定代理人：×××，……。

委托诉讼代理人：×××，……。

被申请人：×××，……。

……

（以上写明当事人和其他诉讼参加人的姓名或者名称等基本信息）

请求事项：

（××××）……号……（写明当事人和案由）一案，请求××××人民法院……（写明行为保全事项）。

事实和理由：

……（写明申请诉讼行为保全的事实和理由）。

申请人提供……（写明担保财产的名称、性质、数量、数额、所在地等）作为担保。

此致

××××人民法院

申请人（签名或者公章）

××××年××月××日

【说　明】

1. 本样式根据《中华人民共和国民事诉讼法》**第一百零三条第一款**制定，供当事人在诉讼过程中，向人民法院申请诉讼行为保全用。

2. 当事人是法人或者其他组织的，写明名称住所。另起一行写明法定代表人、主要负责人及其姓名、职务、联系方式。

3. 在诉讼过程中，对于可能因当事人一方的行为或者其他原因，使判决难以执行或者造成当事人其他损害的案件，当事人可以向人民法院申请诉讼行为保全。

4. 当事人是否应当提供担保以及担保的数额，由人民法院根据案件的具体情况决定。

5. 申请有错误的，申请人应当赔偿被申请人因保全所遭受的损失。

【法律依据】

《中华人民共和国民事诉讼法》（2023 年 9 月 1 日）

第一百零三条第一款　人民法院对于可能因当事人一方的行为或者其他原因，使判决难以执行或者造成当事人其他损害的案件，根据对方当事人的申请，可以裁定对其财产进行保全、责令其作出一定行为或者禁止其作出一定行为；当事人没有提出申请的，人民法院在必要时也可以裁定采取保全措施。

5. **申请书**（申请解除保全用）

申请书

申请人（被保全人）：×××，男/女，××××年××月××日出生，×族，……（写明工作单位和职务或者职业），住……。联系方式：……。

法定代理人/指定代理人：×××，……。

委托诉讼代理人：×××，……。

被申请人（申请保全人）：×××，……。

……

（以上写明当事人和其他诉讼参加人的姓名或者名称等基本信息）

请求事项：

解除……（写明财产保全/行为保全/证据保全措施）。

事实和理由：

你院于××××年××月××日作出（××××）……号财产保全/行为保全民事裁定，……（写明保全内容）。

……（写明申请解除保全的事实和理由）。

此致

××××人民法院

附：××××人民法院（××××）……号财产保全/行为保全/证据保全民事裁定书

申请人（签名或者盖章）

××××年××月××日

【说 明】

1. 本样式根据《中华人民共和国民事诉讼法》**第一百零四条第三款、第一百零七条**以及《最高人民法院关于适用〈中华人民共和国民事诉讼法〉的解释》第一百六十六条制定，供当事人向人民法院申请解除保全用。

2. 当事人是法人或者其他组织的，写明名称住所。另起一行写明法定代表人、主要负责人及其姓名、职务、联系方式。

3. 申请人在人民法院采取保全措施后三十日内不依法提起诉讼或者申请仲裁的，人民法院应当解除保全。

4. 财产纠纷案件，被申请人提供担保的，人民法院应当裁定解除保全。

5. 裁定采取保全措施后，有下列情形之一的，人民法院应当作出解除保全裁定：（一）保全错误的；（二）申请人撤回保全申请的；（三）申请人的起诉或者诉讼请求被生效裁判驳回的；（四）人民法院认为应当解除保全的其他情形。

【法律依据】

1. **《中华人民共和国民事诉讼法》**（2023 年 9 月 1 日）

第一百零四条第三款 申请人在人民法院采取保全措施后三十日内不依法提起诉讼或者申请仲裁的，人民法院应当解除保全。

第一百零七条 财产纠纷案件，被申请人提供担保的，人民法院应当裁定解除保全。

2. **《最高人民法院关于适用〈中华人民共和国民事诉讼法〉的解释》**（2022 年 4 月 1 日）

第一百六十六条 裁定采取保全措施后，有下列情形之一的，人民法院应当作出解除保全裁定：

（一）保全错误的；

（二）申请人撤回保全申请的；

（三）申请人的起诉或者诉讼请求被生效裁判驳回的；

（四）人民法院认为应当解除保全的其他情形。

解除以登记方式实施的保全措施的，应当向登记机关发出协助执行通知书。

6. **申请书**（申请变更保全标的物用）

申请书

申请人（被保全人）：×××，男/女，××××年××月××日出生，×族，……（写明工作单位和职务或者职业），住……。联系方式：……。

法定代理人/指定代理人：×××，……。

委托诉讼代理人：×××，……。

（以上写明申请人和其他诉讼参加人的姓名或者名称等基本信息）

请求事项：

1. 解除……（写明财产保全措施）；

2. 对被保全人×××的……（写明其他等值担保财产名称）采取保全措施，期限为……年/月/日（写明保全的期限）。

事实和理由：

申请人×××与×××……（写明案由），你院于××××年××月××日作出（××××）……号保全民事裁定，……（写明保全内容）。

……（写明申请变更保全标的物的事实和理由）。

此致

××××人民法院

附：××××人民法院（××××）……号保全裁定书

申请人（签名或者盖章）

××××年××月××日

【说　明】

1. 本样式根据《最高人民法院关于适用〈中华人民共和国民事诉讼法〉的解释》第一百六十七条制定，供被保全人申请变更保全标的物用。

2. 被保全人是法人或者其他组织的，写明名称住所。另起一行写明法定代表人、主要负责人及其姓名、职务、联系方式。

3. 被保全人申请变更保全标的物，并提供其他等值担保财产且有利于执行的，人民法院可以裁定变更保全标的物为被保全人提供的其他等值担保财产。

4. 诉讼中申请变更保全标的物的，事实和理由中应当写明案件当事人和案由。

【法律依据】

《最高人民法院关于适用〈中华人民共和国民事诉讼法〉的解释》（2022年4月1日）

第一百六十七条　财产保全的被保全人提供其他等值担保财产且有利于执行的，人民法院可以裁定变更保全标的物为被保全人提供的担保财产。

7. **申请书**（申请先予执行用）

申请书

申请人：×××，男/女，××××年××月××日出生，×族，……（写明工作单位和职务或者职业），住……。联系方式：……。

法定代理人/指定代理人：×××，……。

委托诉讼代理人：×××，……。

被申请人：×××，……。

……

（以上写明当事人和其他诉讼参加人的姓名或者名称等基本信息）

请求事项：

请求裁定……（写明先予执行措施）。

事实和理由：

申请人×××与×××（写明案由）一案，你院（××××）……号已立案。……（写明申请先予执行的事实和理由）。

申请人提供……（写明担保财产的名称、性质、数量或数额、所在地点等）作为担保。

此致

××××人民法院

申请人（签名或者公章）

××××年××月××日

【说　明】

1. 本样式根据《中华人民共和国民事诉讼法》**第一百零九条**、《最高人民法院关于适用〈中华人民共和国民事诉讼法〉的解释》第一百七十条制定，供当事人在诉讼过程中，向人民法院申请先予执行用。

2. 当事人是法人或者其他组织的，写明名称住所。另起一行写明法定代表人、主要负责人及其姓名、职务、联系方式。

3. 当事人对下列案件申请先予执行的，人民法院可以裁定先予执行：(一) 追索赡养费、扶养费、**抚养费**①、抚恤金、医疗费用的；(二) 追索劳动报酬的；(三) 因情况紧急需要先予执行的。情况紧急包括：(一) 需要立即停止侵害、排除妨碍的；(二) 需要立即制止某项行为的；(三) 追索恢复生产、经营急需的保险理赔费的；(四) 需要立即返还社会保险金、社会救助资金的；(五) 不立即返还款项，将严重影响权利人生活和生产经营的。

4. 人民法院裁定先予执行的，应当符合下列条件：(一) 当事人之间权利义务关系明确，不先予执行将严重影响申请人的生活或者生产经营的；(二) 被申请人有履行能力。

5. 人民法院可以责令申请人提供担保，申请人不提供担保的，驳回申请。申请人败诉的，应当赔偿被申请人因先予执行遭受的财产损失。

【法律依据】

1. **《中华人民共和国民事诉讼法》**(2023 年 9 月 1 日)

第一百零九条　人民法院对下列案件，根据当事人的申请，可以裁定先予执行：

(一) 追索赡养费、扶养费、抚育费、抚恤金、医疗费用的；

(二) 追索劳动报酬的；

(三) 因情况紧急需要先予执行的。

---

① 《中华人民共和国民事诉讼法》(2023 年) 第一百五十四条规定："有下列情形之一的，终结诉讼：(一) 原告死亡，没有继承人，或者继承人放弃诉讼权利的；(二) 被告死亡，没有遗产，也没有应当承担义务的人的；(三) 离婚案件一方当事人死亡的；(四) 追索赡养费、扶养费、抚养费以及解除收养关系案件的一方当事人死亡的。"根据上述规定，将原说明中的"抚育费"修改为"抚养费"。

2.《最高人民法院关于适用〈中华人民共和国民事诉讼法〉的解释》（2022年4月1日）

第一百七十条 民事诉讼法第一百零九条第三项规定的情况紧急，包括：

（一）需要立即停止侵害、排除妨碍的；

（二）需要立即制止某项行为的；

（三）追索恢复生产、经营急需的保险理赔费的；

（四）需要立即返还社会保险金、社会救助资金的；

（五）不立即返还款项，将严重影响权利人生活和生产经营的。

8. **复议申请书**（申请对保全或者先予执行裁定复议用）

复议申请书

复议申请人（被保全人/被先予执行人）：×××，男/女，××××年××月××日出生，×族，……（写明工作单位和职务或者职业），住……。联系方式：……。

法定代理人/指定代理人：×××，……。

委托诉讼代理人：×××，……。

（以上写明复议申请人的姓名或者名称等基本信息）

请求事项：

撤销（××××）……号财产保全/行为保全/先予执行民事裁定书。

事实和理由：

你院于××××年××月××日作出（××××）……号财产保全/行为保全/先予执行民事裁定，……（写明保全或者先予执行的内容）。

……（写明申请复议的事实和理由）。

此致

××××人民法院

附：××××人民法院（××××）……号财产保全/行为保全/先予执行裁定书

复议申请人（签名或者盖章）

××××年××月××日

【说　明】

1. 本样式根据《中华人民共和国民事诉讼法》**第一百一十一条**制定，供当事人对保全或者先予执行裁定不服的，向作出裁定的人民法院申请复议用。

2. 复议申请人是法人或者其他组织的，写明名称住所。另起一行写明法定代表人、主要负责人及其姓名、职务、联系方式。

3. 当事人对保全或者先予执行裁定不服的，可以自收到裁定书之日起五日内向作出裁定的人民法院申请复议。

【法律依据】

《中华人民共和国民事诉讼法》（2023 年 9 月 1 日）

第一百一十一条　当事人对保全或者先予执行的裁定不服的，可以申请复议一次。复议期间不停止裁定的执行。

9. **担保书**（案外人提供保全或者先予执行担保用）

担保书

担保人：×××，男/女，××××年××月××日出生，×族，……（写明工作单位和职务或者职业），住……。联系方式：……。

担保事项：

担保人以……（写明担保财产的名称、性质、数量或数额、所在地点等）作为担保财产，为申请人/被申请人×××提供……（写明担保范围）的财产担保。

事实和理由：

……（写明提供担保的事实和理由）。

此致

××××人民法院

担保人（签名或者盖章）

××××年××月××日

【说 明】

1. 本样式根据《最高人民法院关于适用〈中华人民共和国民事诉讼法〉的解释》第一百五十二条、第一百六十四条制定，供案外人在保全或者先予执行中提供担保用。

2. 担保人是法人或者其他组织的，写明名称住所。另起一行写明法定代表人、主要负责人及其姓名、职务、联系方式。

3. 当事人提供本人的财产担保的，直接写入申请书，不必另外提交担保书。

【法律依据】

《最高人民法院关于适用〈中华人民共和国民事诉讼法〉的解释》（2022年4月1日）

第一百五十二条 人民法院依照民事诉讼法第一百零三条、第一百零四条规定，在采取诉前保全、诉讼保全措施时，责令利害关系人或者当事人提供担保的，应当书面通知。

利害关系人申请诉前保全的，应当提供担保。申请诉前财产保全的，应当提供相当于请求保全数额的担保；情况特殊的，人民法院可以酌情处理。申请诉前行为保全的，担保的数额由人民法院根据案件的具体情况决定。

在诉讼中，人民法院依申请或者依职权采取保全措施的，应当根据案件的具体情况，决定当事人是否应当提供担保以及担保的数额。

第一百六十四条 对申请保全人或者他人提供的担保财产，人民法院应当依法办理查封、扣押、冻结等手续。

八、对妨害民事诉讼的强制措施

1. **复议申请书**（司法制裁复议案件用）

复议申请书

复议申请人：×××，男/女，××××年××月××日出生，×族，……（写明工作单位和职务或者职业），住……。联系方式：……。

法定代理人/指定代理人：×××，……。

委托诉讼代理人：×××，……。

（以上写明复议申请人和其他诉讼参加人的姓名或者名称等基本信息）

请求事项：

撤销××××人民法院（××××）……司惩……号拘留/罚款/拘留并罚款决定。

事实和理由：

××××年××月××日，××××人民法院作出（××××）……司惩……号决定：……（写明决定结果）。

……（写明申请复议的事实和理由）。

此致

××××人民法院

附：××××人民法院（××××）……司惩……号决定书

复议申请人（签名或者公章）

××××年××月××日

【说　明】

1. 本样式根据《中华人民共和国民事诉讼法》**第一百一十九条第三款**以及《最高人民法院关于适用〈中华人民共和国民事诉讼法〉的解释》第一百八十五条制定，供当事人对拘留、罚款决定不服的，向上一级人民法院申请复议用。

2. 复议申请人是法人或者其他组织的，写明名称住所。另起一行写明法定代表人、主要负责人及其姓名、职务、联系方式。

3. 被拘留、罚款的人不服决定申请复议的，应当自收到决定书之日起三日内提出。

【法律依据】

1. **《中华人民共和国民事诉讼法》**（2023 年 9 月 1 日）

第一百一十九条第三款　罚款、拘留应当用决定书。对决定不服的，可以向上一级人民法院申请复议一次。复议期间不停止执行。

2. **《最高人民法院关于适用〈中华人民共和国民事诉讼法〉的解释》**（2022 年 4 月 1 日）

第一百八十五条　被罚款、拘留的人不服罚款、拘留决定申请复议的，应当自收到决定书之日起三日内提出。上级人民法院应当在收到复议申请后五日内作出决定，并将复议结果通知下级人民法院和当事人。

2. **悔过书**（司法拘留案件具结悔过用）

悔过书

被拘留人：×××，男/女，××××年××月××日出生，×族，……（写明工作单位和职务或者职业），住……。联系方式：……。

悔过事项：

被拘留人对……（写明妨害民事诉讼行为）具结悔过，请求提前解除拘留。

悔过内容：

××××年××月××日，××××人民法院作出（××××）……司惩……号决定：……（写明决定结果）。

……（写明认错悔改的具体内容）。

此致

××××人民法院

附：××××人民法院（××××）……司惩……号决定书

悔过人（签名）

××××年××月××日

【说　明】

1. 本样式根据《最高人民法院关于适用〈中华人民共和国民事诉讼法〉的解释》第一百八十二条制定，供被拘留人在拘留期间认错悔改的，向人民法院具结悔过用。

2. 被拘留人在拘留期间认错悔改的，可以责令其具结悔过，提前解除拘留。

【法律依据】

《最高人民法院关于适用〈中华人民共和国民事诉讼法〉的解释》（2022年4月1日）

第一百八十二条　被拘留人在拘留期间认错悔改的，可以责令其具结悔过，提前解除拘留。提前解除拘留，应报经院长批准，并作出提前解除拘留决定书，交负责看管的公安机关执行。

九、诉讼费用

1. 申请书（申请缓交、减交或者免交诉讼费用）

申请书

申请人：×××，男/女，××××年××月××日出生，×族，……（写明工作单位和职务或者职业），住……。联系方式：……。

法定代理人/指定代理人：×××，……。

委托诉讼代理人：×××，……。

（以上写明申请人和其他诉讼参加人的姓名或者名称等基本信息）

请求事项：

缓交/减交/免交诉讼费用……元。

事实和理由：

……（写明案件当事人和案由）一案，……（写明申请缓交/减交/免交诉讼费用的事实和理由）

此致

××××人民法院

申请人（签名或者公章）

××××年××月××日

【说　明】

1. 本样式根据《中华人民共和国民事诉讼法》**第一百二十一条第二款**以及《诉讼费用交纳办法》第四十四条至第五十一条制定，供交纳诉讼费用确有困难的当事人申请向人民法院缓交、减交或者免交诉讼费用。

2. 诉讼费用的免交只适用于自然人。

3. 当事人申请司法救助，应当在起诉或者上诉时提交书面申请、足以证明其确有经济困难的证明材料以及其他相关证明材料。因生活困难或者追索基本生活费用申请免交、减交诉讼费用的，还应当提供本人及其家庭经济状况符合当地民政、劳动保障等部门规定的公民经济困难标准的证明。

【法律依据】

1. **《中华人民共和国民事诉讼法》**（2023 年 9 月 1 日）

第一百二十一条第二款　当事人交纳诉讼费用确有困难的，可以按照规定向人民法院申请缓交、减交或者免交。

2. **《诉讼费用交纳办法》**（2006 年 12 月 19 日）

第四十四条　当事人交纳诉讼费用确有困难的，可以依照本办法向人民法院申请缓交、减交或者免交诉讼费用的司法救助。

诉讼费用的免交只适用于自然人。

第四十五条　当事人申请司法救助，符合下列情形之一的，人民法院应当准予免交诉讼费用：

（一）残疾人无固定生活来源的；

（二）追索赡养费、扶养费、抚育费、抚恤金的；

（三）最低生活保障对象、农村特困定期救济对象、农村五保供养对象或者领取失业保险金人员，无其他收入的；

（四）因见义勇为或者为保护社会公共利益致使自身合法权益受到损害，本人或者其近亲属请求赔偿或者补偿的；

（五）确实需要免交的其他情形。

第四十六条　当事人申请司法救助，符合下列情形之一的，人民法院应当准予减交诉讼费用：

（一）因自然灾害等不可抗力造成生活困难，正在接受社会救济，或者家庭生产经营难以为继的；

（二）属于国家规定的优抚、安置对象的；

（三）社会福利机构和救助管理站；

（四）确实需要减交的其他情形。

人民法院准予减交诉讼费用的，减交比例不得低于30%。

第四十七条 当事人申请司法救助，符合下列情形之一的，人民法院应当准予缓交诉讼费用：

（一）追索社会保险金、经济补偿金的；

（二）海上事故、交通事故、医疗事故、工伤事故、产品质量事故或者其他人身伤害事故的受害人请求赔偿的；

（三）正在接受有关部门法律援助的；

（四）确实需要缓交的其他情形。

第四十八条 当事人申请司法救助，应当在起诉或者上诉时提交书面申请、足以证明其确有经济困难的证明材料以及其他相关证明材料。

因生活困难或者追索基本生活费用申请免交、减交诉讼费用的，还应当提供本人及其家庭经济状况符合当地民政、劳动保障等部门规定的公民经济困难标准的证明。

人民法院对当事人的司法救助申请不予批准的，应当向当事人书面说明理由。

第四十九条 当事人申请缓交诉讼费用经审查符合本办法第四十七条规定的，人民法院应当在决定立案之前作出准予缓交的决定。

第五十条 人民法院对一方当事人提供司法救助，对方当事人败诉的，诉讼费用由对方当事人负担；对方当事人胜诉的，可以视申请司法救助的当事人的经济状况决定其减交、免交诉讼费用。

第五十一条 人民法院准予当事人减交、免交诉讼费用的，应当在法律文书中载明。

十、第一审普通程序

1. 口头起诉登记表（公民口头提起民事诉讼用）

口头起诉登记表

原告
被告
诉讼请求：
事实和理由：
证据和证据来源、证人姓名和住所：
上述内容经法院工作人员向原告当面宣读后，原告表示该内容与其口述内容无异。 原告（签名或捺印） 年　　月　　日
法院工作人员（签名） 年　　月　　日

【说　明】

1. 本样式根据《中华人民共和国民事诉讼法》**第一百二十三条、第一百二十四条**制定，供书写起诉状确有困难的公民口头提起民事诉讼用。

2. 原告应当写明姓名、性别、出生日期、民族、职业、工作单位、住所、联系方式。

3. 被告是自然人的，应当写明姓名、性别、工作单位、住所等信息；被告是法人或者其他组织的，应当写明名称、住所等信息。

4. 本表由人民法院工作人员记入笔录，并告知对方当事人。

【法律依据】

《中华人民共和国民事诉讼法》（2023 年 9 月 1 日）

第一百二十三条　起诉应当向人民法院递交起诉状，并按照被告人数提出副本。

书写起诉状确有困难的，可以口头起诉，由人民法院记入笔录，并告知对方当事人。

第一百二十四条　起诉状应当记明下列事项：

（一）原告的姓名、性别、年龄、民族、职业、工作单位、住所、联系方式，法人或者其他组织的名称、住所和法定代表人或者主要负责人的姓名、职务、联系方式；

（二）被告的姓名、性别、工作单位、住所等信息，法人或者其他组织的名称、住所等信息；

（三）诉讼请求和所根据的事实与理由；

（四）证据和证据来源，证人姓名和住所。

2. **民事起诉状**（公民提起民事诉讼用）

民事起诉状

原告：×××，男/女，××××年××月××日生，×族，……（写明工作单位和职务或职业），住……。联系方式：……。

法定代理人/指定代理人：×××，……。

委托诉讼代理人：×××，……。

被告：×××，……。

……

（以上写明当事人和其他诉讼参加人的姓名或者名称等基本信息）

诉讼请求：

……

事实和理由：

……

证据和证据来源，证人姓名和住所：

……

此致

××××人民法院

附：本起诉状副本×份

起诉人（签名）

××××年××月××日

【说　明】

1. 本样式根据《中华人民共和国民事诉讼法》**第一百二十三条第一款、第一百二十四条**制定，供公民提起民事诉讼用。

2. 起诉应当向人民法院递交起诉状，并按照被告人数提出副本。

3. 原告应当写明姓名、性别、出生日期、民族、职业、工作单位、住所、联系方式。原告是无民事行为能力或者限制民事行为能力人的，应当写明法定代理人姓名、性别、出生日期、民族、职业、工作单位、住所、联系方式，在诉讼地位后括注与原告的关系。

4. 起诉时已经委托诉讼代理人的，应当写明委托诉讼代理人基本信息。

5. 被告是自然人的，应当写明姓名、性别、工作单位、住所等信息；被告是法人或者其他组织的，应当写明名称、住所等信息。

6. 原告在起诉状中直接列写第三人的，视为其申请人民法院追加该第三人参加诉讼。是否通知第三人参加诉讼，由人民法院审查决定。

7. 起诉状应当由本人签名。

【法律依据】

《中华人民共和国民事诉讼法》（2023 年 9 月 1 日）

第一百二十三条第一款　起诉应当向人民法院递交起诉状，并按照被告人数提出副本。

第一百二十四条　起诉状应当记明下列事项：

（一）原告的姓名、性别、年龄、民族、职业、工作单位、住所、联系方式，法人或者其他组织的名称、住所和法定代表人或者主要负责人的姓名、职务、联系方式；

（二）被告的姓名、性别、工作单位、住所等信息，法人或者其他组织的名称、住所等信息；

（三）诉讼请求和所根据的事实与理由；

（四）证据和证据来源，证人姓名和住所。

3. **民事起诉状**（法人或者其他组织提起民事诉讼用）

民事起诉状

原告：×××，住所……。

法定代表人/主要负责人：×××，……（写明职务），联系方式：……。

委托诉讼代理人：×××，……。

被告：×××，……。

……

（以上写明当事人和其他诉讼参加人的姓名或者名称等基本信息）

诉讼请求：

……

事实和理由：

……

证据和证据来源，证人姓名和住所：

……

此致

××××人民法院

附：本起诉状副本×份

起诉人（公章和签名）

××××年××月××日

【说　明】

1. 本样式根据《中华人民共和国民事诉讼法》**第一百二十三条第一款、第一百二十四条**制定，供法人或者其他组织提起民事诉讼用。

2. 起诉应当向人民法院递交起诉状，并按照被告人数提出副本。

3. 起诉时已经委托诉讼代理人的，应当写明委托诉讼代理人基本信息。

4. 被告是自然人的，应当写明姓名、性别、工作单位、住所等信息；被告是法人或者其他组织的，应当写明名称、住所等信息。

5. 原告在起诉状中直接列写第三人的，视为其申请人民法院追加该第三人参加诉讼。是否通知第三人参加诉讼，由人民法院审查决定。

6. 起诉状应当加盖单位印章，并由法定代表人或者主要负责人签名。

【法律依据】

《中华人民共和国民事诉讼法》（2023 年 9 月 1 日）

第一百二十三条第一款　起诉应当向人民法院递交起诉状，并按照被告人数提出副本。

第一百二十四条　起诉状应当记明下列事项：

（一）原告的姓名、性别、年龄、民族、职业、工作单位、住所、联系方式，法人或者其他组织的名称、住所和法定代表人或者主要负责人的姓名、职务、联系方式；

（二）被告的姓名、性别、工作单位、住所等信息，法人或者其他组织的名称、住所等信息；

（三）诉讼请求和所根据的事实与理由；

（四）证据和证据来源，证人姓名和住所。

4. **民事反诉状**（公民提起民事反诉用）

民事反诉状

反诉原告（本诉被告）：×××，男/女，××××年××月××日生，×族，……（写明工作单位和职务或职业），住……。联系方式：……。

法定代理人/指定代理人：×××，……。

委托诉讼代理人：×××，……。

反诉被告（本诉原告）：×××，……。

……

（以上写明当事人和其他诉讼参加人的姓名或者名称等基本信息）

反诉请求：

……

事实和理由：

……

证据和证据来源，证人姓名和住所：

……

此致

××××人民法院

附：本反诉状副本×份

反诉人（签名）

××××年××月××日

【说　明】

1. 本样式根据《中华人民共和国民事诉讼法》**第五十四条、第一百二十三条第一款、第一百二十四条**制定，供公民提起民事反诉用。

2. 反诉应当向人民法院递交反诉状，并按照被反诉人数提出副本。

3. 反诉原告应当写明姓名、性别、出生日期、民族、职业、工作单位、住所、联系方式。反诉原告是无民事行为能力或者限制民事行为能力人的，应当写明法定代理人姓名、性别、出生日期、民族、职业、工作单位、住所、联系方式，在诉讼地位后括注与原告的关系。

4. 反诉时已经委托诉讼代理人的，应当写明委托诉讼代理人基本信息。

5. 被反诉被告是自然人的，应当写明姓名、性别、工作单位、住所等信息；反诉被告是法人或者其他组织的，应当写明名称、住所等信息。

6. 反诉状应当由本人签名。

【法律依据】

《中华人民共和国民事诉讼法》（2023 年 9 月 1 日）

第五十四条　原告可以放弃或者变更诉讼请求。被告可以承认或者反驳诉讼请求，有权提起反诉。

第一百二十三条第一款　起诉应当向人民法院递交起诉状，并按照被告人数提出副本。

第一百二十四条　起诉状应当记明下列事项：

（一）原告的姓名、性别、年龄、民族、职业、工作单位、住所、联系方式，法人或者其他组织的名称、住所和法定代表人或者主要负责人的姓名、职务、联系方式；

（二）被告的姓名、性别、工作单位、住所等信息，法人或者其他组织的名称、住所等信息；

（三）诉讼请求和所根据的事实与理由；

（四）证据和证据来源，证人姓名和住所。

5. **民事反诉状**（法人或者其他组织提起民事反诉用）

民事反诉状

反诉原告（本诉被告）：×××，住所地……。

法定代表人/主要负责人：×××，……（写明职务），联系方式：……。

委托诉讼代理人：×××，……。

反诉被告（本诉原告）：×××，……。

……

（以上写明当事人和其他诉讼参加人的姓名或者名称等基本信息）

反诉请求：

……

事实和理由：

……

证据和证据来源，证人姓名和住所：

……

此致

××××人民法院

附：本反诉状副本×份

反诉人（公章和签名）

××××年××月××日

【说　明】

1. 本样式根据《中华人民共和国民事诉讼法》**第五十四条、第一百二十三条第一款、第一百二十四条**制定，供公民提起民事诉讼用。

2. 反诉应当向人民法院递交反诉状，并按照被反诉人数提出副本。

3. 反诉时已经委托诉讼代理人的，应当写明委托诉讼代理人基本信息。

4. 反诉被告是自然人的，应当写明姓名、性别、工作单位、住所等信息；被反诉人是法人或者其他组织的，应当写明名称、住所等信息。

5. 反诉状应当加盖单位印章，并由法定代表人或者主要负责人签名。

【法律依据】

《中华人民共和国民事诉讼法》（2023 年 9 月 1 日）

第五十四条　原告可以放弃或者变更诉讼请求。被告可以承认或者反驳诉讼请求，有权提起反诉。

第一百二十三条第一款　起诉应当向人民法院递交起诉状，并按照被告人数提出副本。

第一百二十四条　起诉状应当记明下列事项：

（一）原告的姓名、性别、年龄、民族、职业、工作单位、住所、联系方式，法人或者其他组织的名称、住所和法定代表人或者主要负责人的姓名、职务、联系方式；

（二）被告的姓名、性别、工作单位、住所等信息，法人或者其他组织的名称、住所等信息；

（三）诉讼请求和所根据的事实与理由；

（四）证据和证据来源，证人姓名和住所。

6. **民事答辩状**（公民对民事起诉提出答辩用）

民事答辩状

答辩人：×××，男/女，××××年××月××日生，×族，……（写明工作单位和职务或职业），住……。联系方式：……。

法定代理人/指定代理人：×××，……。

委托诉讼代理人：×××，……。

（以上写明答辩人和其他诉讼参加人的姓名或者名称等基本信息）

对××××人民法院（××××）……民初……号……（写明当事人和案由）一案的起诉，答辩如下：

……（写明答辩意见）。

证据和证据来源，证人姓名和住所：

……

此致

××××人民法院

附：本答辩状副本×份

答辩人（签名）

××××年××月××日

【说　明】

1. 本样式根据《中华人民共和国民事诉讼法》**第一百二十八条**制定，供公民对民事起诉提出答辩用。

2. 被告应当在收到起诉状副本之日起十五日内提出答辩状。被告在中华人民共和国领域内没有住所的，应当在收到起诉状副本后三十日内提出答辩状。被告申请延期答辩的，是否准许，由人民法院决定。

3. 答辩状应当记明被告的姓名、性别、出生日期、民族、工作单位、职业、住所、联系方式。

4. 答辩时已经委托诉讼代理人的，应当写明委托诉讼代理人基本信息。

5. 答辩状应当由本人签名。

【法律依据】

《中华人民共和国民事诉讼法》（2023 年 9 月 1 日）

第一百二十八条　人民法院应当在立案之日起五日内将起诉状副本发送被告，被告应当在收到之日起十五日内提出答辩状。答辩状应当记明被告的姓名、性别、年龄、民族、职业、工作单位、住所、联系方式；法人或者其他组织的名称、住所和法定代表人或者主要负责人的姓名、职务、联系方式。人民法院应当在收到答辩状之日起五日内将答辩状副本发送原告。

被告不提出答辩状的，不影响人民法院审理。

7. **民事答辩状**（法人或者其他组织对民事起诉提出答辩用）

民事答辩状

答辩人：×××，住所地……。

法定代表人/主要负责人：×××，……（写明职务），联系方式：……。

委托诉讼代理人：×××，……。

（以上写明答辩人和其他诉讼参加人的姓名或者名称等基本信息）

对××××人民法院（××××）……民初……号……（写明当事人和案由）一案的起诉，答辩如下：

……（写明答辩意见）。

证据和证据来源，证人姓名和住所：

……

此致

××××人民法院

附：本答辩状副本×份

答辩人（公章和签名）

××××年××月××日

【说　明】

1. 本样式根据《中华人民共和国民事诉讼法》**第一百二十八条**制定，供法人或者其他组织对民事起诉提出答辩用。

2. 被告应当在收到起诉状副本之日起十五日内提出答辩状。被告在中华人民共和国领域内没有住所的，应当在收到起诉状副本后三十日内提出答辩状。被告申请延期答辩的，是否准许，由人民法院决定。

3. 答辩时已经委托诉讼代理人的，应当写明委托诉讼代理人基本信息。

4. 答辩状应当加盖单位印章，并由法定代表人或者主要负责人签名。

【法律依据】

《中华人民共和国民事诉讼法》（2023 年 9 月 1 日）

第一百二十八条　人民法院应当在立案之日起五日内将起诉状副本发送被告，被告应当在收到之日起十五日内提出答辩状。答辩状应当记明被告的姓名、性别、年龄、民族、职业、工作单位、住所、联系方式；法人或者其他组织的名称、住所和法定代表人或者主要负责人的姓名、职务、联系方式。人民法院应当在收到答辩状之日起五日内将答辩状副本发送原告。

被告不提出答辩状的，不影响人民法院审理。

8. **申请书**（申请追加必要的共同诉讼当事人用）

申请书

申请人：×××，男/女，××××年××月××日出生，×族，……（写明工作单位和职务或者职业），住……。联系方式：……。

法定代理人/指定代理人：×××，……。

委托诉讼代理人：×××，……。

（以上写明申请人和其他诉讼参加人的姓名或者名称等基本信息）

请求事项：

追加×××作为你院（××××）……民初……号……（写明当事人和案由）一案共同原告/被告参加诉讼。

事实和理由：

……（写明申请追加的事实和理由）。

此致

××××人民法院

申请人（签名或者公章）

××××年××月××日

【说 明】

1. 本样式根据《最高人民法院关于适用〈中华人民共和国民事诉讼法〉的解释》第七十三条制定，供必须进行共同诉讼的当事人没有参加诉讼的，当事人向人民法院申请追加用。

2. 申请人是法人或者其他组织的，写明名称住所。另起一行写明法定代表人、主要负责人及其姓名、职务、联系方式。

3. 被追加的当事人，可以是原告也可以是被告。

【法律依据】

《最高人民法院关于适用〈中华人民共和国民事诉讼法〉的解释》（2022年4月1日）

第七十三条 必须共同进行诉讼的当事人没有参加诉讼的，人民法院应当依照民事诉讼法第一百三十二条的规定，通知其参加；当事人也可以向人民法院申请追加。人民法院对当事人提出的申请，应当进行审查，申请理由不成立的，裁定驳回；申请理由成立的，书面通知被追加的当事人参加诉讼。

9. **申请书**（无独立请求权的第三人申请参加诉讼用）

申请书

申请人：×××，男/女，××××年××月××日出生，×族，……（写明工作单位和职务或者职业），住……。联系方式：……。

法定代理人/指定代理人：×××，……。

委托诉讼代理人：×××，……。

（以上写明申请人和其他诉讼参加人的姓名或者名称等基本信息）

请求事项：

以无独立请求权的第三人参加你院（××××）……号……（写明当事人和案由）一案的诉讼。

事实和理由：

……（写明申请参加诉讼的事实和理由）。

此致

××××人民法院

申请人（签名或者公章）

××××年××月××日

【说　明】

1. 本样式根据《中华人民共和国民事诉讼法》**第五十九条第二款**以及《最高人民法院关于适用〈中华人民共和国民事诉讼法〉的解释》第八十一条制定，供无独立请求权的第三人认为案件处理结果同他有法律上的利害关系，向人民法院申请参加诉讼用。

2. 申请人是法人或者其他组织的，写明名称住所。另起一行写明法定代表人、主要负责人及其姓名、职务、联系方式。

3. 第一审程序中未参加诉讼的第三人，申请参加第二审程序的，人民法院可以准许。

【法律依据】

1. **《中华人民共和国民事诉讼法》**（2023 年 9 月 1 日）

第五十九条第二款　对当事人双方的诉讼标的，第三人虽然没有独立请求权，但案件处理结果同他有法律上的利害关系的，可以申请参加诉讼，或者由人民法院通知他参加诉讼。人民法院判决承担民事责任的第三人，有当事人的诉讼权利义务。

2. **《最高人民法院关于适用〈中华人民共和国民事诉讼法〉的解释》**（2022 年 4 月 1 日）

第八十一条　根据民事诉讼法第五十九条的规定，有独立请求权的第三人有权向人民法院提出诉讼请求和事实、理由，成为当事人；无独立请求权的第三人，可以申请或者由人民法院通知参加诉讼。

第一审程序中未参加诉讼的第三人，申请参加第二审程序的，人民法院可以准许。

10. **申请书**（申请增加诉讼请求用）

申请书

申请人：×××，男/女，××××年××月××日出生，×族，……（写明工作单位和职务或者职业），住……。联系方式：……。

法定代理人/指定代理人：×××，……。

委托诉讼代理人：×××，……。

（以上写明申请人和其他诉讼参加人的姓名或者名称等基本信息）

请求事项：

对于你院（××××）……号……（写明当事人和案由）一案增加诉讼请求如下：……（写明增加的诉讼请求具体内容）。

事实和理由：

……（写明增加诉讼请求的事实和理由）。

此致

××××人民法院

申请人（签名或者盖章）

××××年××月××日

【说　明】

1. 本样式根据《中华人民共和国民事诉讼法》**第一百四十三条**制定，供当事人向人民法院申请增加诉讼请求用。

2. 申请人是法人或者其他组织的，写明名称住所。另起一行写明法定代表人、主要负责人及其姓名、职务、联系方式。

3. 原告、反诉原告、有独立请求权的第三人可以申请增加诉讼请求。

【法律依据】

《中华人民共和国民事诉讼法》（2023 年 9 月 1 日）

第一百四十三条　原告增加诉讼请求，被告提出反诉，第三人提出与本案有关的诉讼请求，可以合并审理。

11. **申请书**（申请变更诉讼请求用）

申请书

申请人：×××，男/女，××××年××月××日出生，×族，……（写明工作单位和职务或者职业），住……。联系方式：……。

法定代理人/指定代理人：×××，……。

委托诉讼代理人：×××，……。

（以上写明申请人和其他诉讼参加人的姓名或者名称等基本信息）

请求事项：

申请将你院（××××）……号……（写明当事人和案由）一案的诉讼请求……（写明原诉讼请求具体内容），变更为……（写明变更的诉讼请求具体内容）。

事实和理由：

……（写明变更诉讼请求的事实和理由）。

此致

××××人民法院

申请人（签名或者盖章）

××××年××月××日

【说　明】

1. 本样式根据《中华人民共和国民事诉讼法》**第五十四条**制定，供当事人向人民法院申请变更诉讼请求用。

2. 申请人是法人或者其他组织的，写明名称住所。另起一行写明法定代表人、主要负责人及其姓名、职务、联系方式。

3. 原告、反诉原告、有独立请求权的第三人可以变更诉讼请求。

【法律依据】

《中华人民共和国民事诉讼法》（2023年9月1日）

第五十四条　原告可以放弃或者变更诉讼请求。被告可以承认或者反驳诉讼请求，有权提起反诉。

12. **声明书**（放弃诉讼请求用）

声明书

声明人：×××，男/女，××××年××月××日出生，×族，……（写明工作单位和职务或者职业），住……。联系方式：……。

法定代理人/指定代理人：×××，……。

委托诉讼代理人：×××，……。

（以上写明声明人和其他诉讼参加人的姓名或者名称等基本信息）

本人/本方在你院（××××）……号……（写明当事人和案由）一案中，放弃全部诉讼请求/放弃第×项诉讼请求：……（写明放弃诉讼请求的具体内容）。

特此声明。

此致

××××人民法院

声明人（签名或者盖章）

××××年××月××日

【说　明】

1. 本样式根据《中华人民共和国民事诉讼法》**第五十四条、第五十六条、第五十七条**制定，供当事人向人民法院声明放弃诉讼请求用。

2. 声明人是法人或者其他组织的，写明名称住所。另起一行写明法定代表人、主要负责人及其姓名、职务、联系方式。

3. 放弃诉讼请求的，可以是原告、反诉原告、有独立请求权的第三人等。

【法律依据】

《中华人民共和国民事诉讼法》（2023年9月1日）

第五十四条　原告可以放弃或者变更诉讼请求。被告可以承认或者反驳诉讼请求，有权提起反诉。

第五十六条　当事人一方人数众多的共同诉讼，可以由当事人推选代表人进行诉讼。代表人的诉讼行为对其所代表的当事人发生效力，但代表人变更、放弃诉讼请求或者承认对方当事人的诉讼请求，进行和解，必须经被代表的当事人同意。

第五十七条　诉讼标的是同一种类、当事人一方人数众多在起诉时人数尚未确定的，人民法院可以发出公告，说明案件情况和诉讼请求，通知权利人在一定期间向人民法院登记。

向人民法院登记的权利人可以推选代表人进行诉讼；推选不出代表人的，人民法院可以与参加登记的权利人商定代表人。

代表人的诉讼行为对其所代表的当事人发生效力，但代表人变更、放弃诉讼请求或者承认对方当事人的诉讼请求，进行和解，必须经被代表的当事人同意。

人民法院作出的判决、裁定，对参加登记的全体权利人发生效力。未参加登记的权利人在诉讼时效期间提起诉讼的，适用该判决、裁定。

13. **申请书**（申请不公开审理用）

申请书

申请人：×××，男/女，××××年××月××日出生，×族，……（写明工作单位和职务或者职业），住……。联系方式：……。

法定代理人/指定代理人：×××，……。

委托诉讼代理人：×××，……。

（以上写明申请人和其他诉讼参加人的姓名或者名称等基本信息）

请求事项：

不公开审理你院（××××）……号……（写明当事人和案由）一案。

事实和理由：

……（写明申请不公开审理的事实和理由）。

此致

××××人民法院

申请人（签名或者盖章）

××××年××月××日

【说　明】

1. 本样式根据《中华人民共和国民事诉讼法》**第一百三十七条**制定，供人民法院受理民事案件后，当事人向人民法院申请不公开审理用。

2. 申请人是法人或者其他组织的，写明名称住所。另起一行写明法定代表人、主要负责人及其姓名、职务、联系方式。

3. 不公开审理包括两类案件：一类是法定不公开审理，指涉及国家秘密、个人隐私或者法律另有规定不公开审理的案件；另一类是依当事人申请而不公开审理，指离婚案件、涉及商业秘密的案件，当事人可以向人民法院申请不公开审理。

【法律依据】

《中华人民共和国民事诉讼法》（2023 年 9 月 1 日）

第一百三十七条　人民法院审理民事案件，除涉及国家秘密、个人隐私或者法律另有规定的以外，应当公开进行。

离婚案件，涉及商业秘密的案件，当事人申请不公开审理的，可以不公开审理。

14. **申请书**（申请撤回起诉用）

申请书

申请人：×××，男/女，××××年××月××日出生，×族，……（写明工作单位和职务或者职业），住……。联系方式：……。

法定代理人/指定代理人：×××，……。

委托诉讼代理人：×××，……。

（以上写明申请人和其他诉讼参加人的姓名或者名称等基本信息）

请求事项：

撤回你院（××××）……号……（写明当事人和案由）一案的起诉。

事实和理由：

……（写明申请撤回起诉的理由）。

此致

××××人民法院

申请人（签名或者盖章）

××××年××月××日

【说　明】

1. 本样式根据《中华人民共和国民事诉讼法》**第一百四十八条第一款**制定，供原告向人民法院申请撤回起诉用。

2. 当事人是法人或者其他组织的，写明名称住所。另起一行写明法定代表人、主要负责人及其姓名、职务、联系方式。

3. 宣判前，原告申请撤诉的，是否准许，由人民法院裁定。

【法律依据】

《中华人民共和国民事诉讼法》（2023 年 9 月 1 日）

第一百四十八条第一款　宣判前，原告申请撤诉的，是否准许，由人民法院裁定。

15. **申请书**（申请撤回反诉用）

申请书

申请人：×××，男/女，××××年××月××日出生，×族，……（写明工作单位和职务或者职业），住……。联系方式：……。

法定代理人/指定代理人：×××，……。

委托诉讼代理人：×××，……。

（以上写明申请人和其他诉讼参加人的姓名或者名称等基本信息）

请求事项：

撤回你院（××××）……号……（写明当事人和案由）一案的反诉。

事实和理由：

……（写明申请撤回反诉的理由）。

此致

××××人民法院

申请人（签名或者盖章）

××××年××月××日

【说　明】

1. 本样式根据《最高人民法院关于适用〈中华人民共和国民事诉讼法〉的解释》第二百三十九条制定，供被告（反诉原告）向人民法院申请撤回反诉用。

2. 申请人是法人或者其他组织的，写明名称住所。另起一行写明法定代表人、主要负责人及其姓名、职务、联系方式。

【法律依据】

《最高人民法院关于适用〈中华人民共和国民事诉讼法〉的解释》（2022年4月1日）

第二百三十九条　人民法院准许本诉原告撤诉的，应当对反诉继续审理；被告申请撤回反诉的，人民法院应予准许。

16. **申请书**（申请恢复诉讼用）

申请书

申请人：×××，男/女，××××年××月××日出生，×族，……（写明工作单位和职务或者职业），住……。联系方式：……。

法定代理人/指定代理人：×××，……。

委托诉讼代理人：×××，……。

（以上写明申请人和其他诉讼参加人的姓名或者名称等基本信息）

请求事项：

恢复……（写明当事人和案由）一案诉讼。

事实和理由：

你院于××××年××月××日作出（××××）……号裁定中止诉讼。

……（写明申请恢复诉讼的理由）。

此致

××××人民法院

申请人（签名或者盖章）

××××年××月××日

【说　明】

1. 本样式根据《中华人民共和国民事诉讼法》**第一百五十三条第二款**制定，供中止诉讼的原因消除后，当事人向人民法院申请恢复诉讼用。

2. 申请人是法人或者其他组织的，写明名称住所。另起一行写明法定代表人、主要负责人及其姓名、职务、联系方式。

【法律依据】

《中华人民共和国民事诉讼法》（2023年9月1日）

第一百五十三条第二款　中止诉讼的原因消除后，恢复诉讼。

17. **申请书**（申请证明判决书或者裁定书的法律效力用）

申请书

申请人：×××，男/女，××××年××月××日出生，×族，……（写明工作单位和职务或者职业），住……。联系方式：……。

法定代理人/指定代理人：×××，……。

委托诉讼代理人：×××，……。

（以上写明申请人和其他诉讼参加人的姓名或者名称等基本信息）

请求事项：

出具你院（××××）……号……（写明当事人和案由）一案民事判决/裁定书发生法律效力的证明书。

事实和理由：

你院作出的（××××）……号……（写明当事人和案由）一案民事判决书/裁定书已经发生法律效力。

……（写明需要出具证明书的理由）。

此致

××××人民法院

申请人（签名或者盖章）

××××年××月××日

【说　明】

1. 本样式根据《最高人民法院关于适用〈中华人民共和国民事诉讼法〉的解释》**第五百四十八条**制定，供当事人向人民法院申请出具判决书/裁定书发生法律效力的证明用。

2. 申请人是法人或者其他组织的，写明名称住所。另起一行写明法定代表人、主要负责人及其姓名、职务、联系方式。

3. 最高人民法院的判决、裁定以及依法不准上诉或者超过上诉期没有上诉的判决、裁定，是发生法律效力的判决、裁定。

4. 本申请书应当向作出生效判决书或者裁定书的人民法院提出。

【法律依据】

《最高人民法院关于适用〈中华人民共和国民事诉讼法〉的解释》（2022年4月1日）

第五百四十八条　当事人在中华人民共和国领域外使用中华人民共和国法院的判决书、裁定书，要求中华人民共和国法院证明其法律效力的，或者外国法院要求中华人民共和国法院证明判决书、裁定书的法律效力的，作出判决、裁定的中华人民共和国法院，可以本法院的名义出具证明。

十一、简易程序

1. **异议书**（对适用简易程序提出异议用）

异议书

异议人（原告/被告/第三人）：×××，男/女，××××年××月××日出生，×族，……（写明工作单位和职务或者职业），住……。联系方式：……。

法定代理人/指定代理人：×××，……。

委托诉讼代理人：×××，……。

（以上写明异议人和其他诉讼参加人的姓名或者名称等基本信息）

请求事项：

依法对（××××）……号……（写明当事人和案由）一案适用普通程序进行审理。

事实和理由：

……（写明不应适用简易程序审理的事实和理由）。

此致

××××人民法院

异议人（签名或者盖章）

××××年××月××日

【说　明】

1. 本样式根据《最高人民法院关于适用〈中华人民共和国民事诉讼法〉的解释》第二百五十七条、第二百六十九条第一款制定，供当事人对案件适用简易程序有异议的，向人民法院提出用。

2. 异议人是法人或者其他组织的，写明名称住所。另起一行写明法定代表人、主要负责人及其姓名、职务、联系方式。

3. 下列案件，不适用简易程序：(一) 起诉时被告下落不明的；(二) 发回重审的；(三) 当事人一方人数众多的；(四) 适用审判监督程序的；(五) 涉及国家利益、社会公共利益的；(六) 第三人起诉请求改变或者撤销生效判决、裁定、调解书的；(七) 其他不宜适用简易程序的案件。

4. 当事人对案件适用简易程序中的小额诉讼程序有异议，认为应当转为普通程序的，参照本样式制作。

【法律依据】

《最高人民法院关于适用〈中华人民共和国民事诉讼法〉的解释》(2022年4月1日)

第二百五十七条 下列案件，不适用简易程序：

(一) 起诉时被告下落不明的；

(二) 发回重审的；

(三) 当事人一方人数众多的；

(四) 适用审判监督程序的；

(五) 涉及国家利益、社会公共利益的；

(六) 第三人起诉请求改变或者撤销生效判决、裁定、调解书的；

(七) 其他不宜适用简易程序的案件。

第二百六十九条第一款 当事人就案件适用简易程序提出异议，人民法院经审查，异议成立的，裁定转为普通程序；异议不成立的，口头告知当事人，并记入笔录。

十二、简易程序中的小额诉讼

1. **异议书**（对适用小额诉讼程序提出异议用）

异议书

异议人（原告/被告/第三人）：×××，男/女，××××年××月××日出生，×族，……（写明工作单位和职务或者职业），住……。联系方式：……。

法定代理人/指定代理人：×××，……。

委托诉讼代理人：×××，……。

（以上写明异议人和其他诉讼参加人的姓名或者名称等基本信息）

请求事项：

依法对（××××）……号……（写明当事人和案由）一案适用简易程序审理。

事实和理由：

……（写明不适用小额诉讼程序审理的事实和理由）。

此致

××××人民法院

异议人（签名或者盖章）

××××年××月××日

【说　明】

1. 本样式根据《最高人民法院关于适用〈中华人民共和国民事诉讼法〉的解释》**第二百七十九条**制定，供当事人对按照小额诉讼案件审理有异议的，向人民法院提出用。

2. 异议人是法人或者其他组织的，写明名称住所。另起一行写明法定代表人、主要负责人及其姓名、职务、联系方式。

3. 当事人对按照小额诉讼案件审理有异议的，应当在开庭前提出。

【法律依据】

《最高人民法院关于适用〈中华人民共和国民事诉讼法〉的解释》（2022年4月1日）

第二百七十九条　当事人对按照小额诉讼案件审理有异议的，应当在开庭前提出。人民法院经审查，异议成立的，适用简易程序的其他规定审理或者裁定转为普通程序；异议不成立的，裁定驳回。裁定以口头方式作出的，应当记入笔录。

十三、公益诉讼

1. 民事起诉状（提起公益诉讼用）

民事起诉状

原告：×××，住所地……。

法定代表人/主要负责人：×××，……（写明职务），联系方式：……。

委托诉讼代理人：×××，……。

被告：×××，……。

……

（以上写明当事人和其他诉讼参加人的姓名或者名称等基本信息）

诉讼请求：

……

事实和理由：

……（写明原告具备提起公益诉讼主体资格以及其他事实和理由）。

证据和证据来源，证人姓名和住所：

……

此致

××××人民法院

附：本起诉状副本×份

起诉人（公章和签名）

××××年××月××日

【说　明】

1. 本样式根据《中华人民共和国民事诉讼法》**第五十八条、第一百二十四条**以及《最高人民法院关于适用〈中华人民共和国民事诉讼法〉的解释》**第二百八十二条**等制定，供法律规定的机关和有关组织，向人民法院提起公益诉讼用。

2. 提起环境民事公益诉讼应当提交下列材料：（一）符合民事诉讼法**第一百二十四条**规定的起诉状，并按照被告人数提出副本；（二）被告的行为已经损害社会公共利益或者具有损害社会公共利益重大风险的初步证明材料；（三）社会组织提起诉讼的，应当提交社会组织登记证书、章程、起诉前连续五年的年度工作报告书或者年检报告书，以及由其法定代表人或者主要负责人签字并加盖公章的无违法记录的声明。

3. 提起消费民事公益诉讼应当提交下列材料：（一）符合民事诉讼法**第一百二十四条**规定的起诉状，并按照被告人数提交副本；（二）被告的行为侵害众多不特定消费者合法权益或者具有危及消费者人身、财产安全危险等损害社会公共利益的初步证据；（三）消费者组织就涉诉事项已按照消费者权益保护法第三十七条第四项或者第五项的规定履行公益性职责的证明材料。

【法律依据】

1. **《中华人民共和国民事诉讼法》**（2023年9月1日）

第五十八条　对污染环境、侵害众多消费者合法权益等损害社会公共利益的行为，法律规定的机关和有关组织可以向人民法院提起诉讼。

人民检察院在履行职责中发现破坏生态环境和资源保护、食品药品安全领域侵害众多消费者合法权益等损害社会公共利益的行为，在没有前款规定的机关和组织或者前款规定的机关和组织不提起诉讼的情况下，可以向人民法院提起诉讼。前款规定的机关或者组织提起诉讼的，人民检察院可以支持起诉。

第一百二十四条　起诉状应当记明下列事项：

（一）原告的姓名、性别、年龄、民族、职业、工作单位、住所、联系方式，法人或者其他组织的名称、住所和法定代表人或者主要负责人的姓名、职务、联系方式；

（二）被告的姓名、性别、工作单位、住所等信息，法人或者其他组织的名称、住所等信息；

（三）诉讼请求和所根据的事实与理由；

（四）证据和证据来源，证人姓名和住所。

2. **《最高人民法院关于适用〈中华人民共和国民事诉讼法〉的解释》**（2022年4月1日）

第二百八十二条 环境保护法、消费者权益保护法等法律规定的机关和有关组织对污染环境、侵害众多消费者合法权益等损害社会公共利益的行为，根据民事诉讼法第五十五条规定提起公益诉讼，符合下列条件的，人民法院应当受理：

（一）有明确的被告；

（二）有具体的诉讼请求；

（三）有社会公共利益受到损害的初步证据；

（四）属于人民法院受理民事诉讼的范围和受诉人民法院管辖。

3. **《中华人民共和国消费者权益保护法》**（2013年10月25日）

第三十七条 消费者协会履行下列公益性职责：

（一）向消费者提供消费信息和咨询服务，提高消费者维护自身合法权益的能力，引导文明、健康、节约资源和保护环境的消费方式；

（二）参与制定有关消费者权益的法律、法规、规章和强制性标准；

（三）参与有关行政部门对商品和服务的监督、检查；

（四）就有关消费者合法权益的问题，向有关部门反映、查询，提出建议；

（五）受理消费者的投诉，并对投诉事项进行调查、调解；

（六）投诉事项涉及商品和服务质量问题的，可以委托具备资格的鉴定人鉴定，鉴定人应当告知鉴定意见；

（七）就损害消费者合法权益的行为，支持受损害的消费者提起诉讼或者依照本法提起诉讼；

（八）对损害消费者合法权益的行为，通过大众传播媒介予以揭露、批评。

各级人民政府对消费者协会履行职责应当予以必要的经费等支持。

消费者协会应当认真履行保护消费者合法权益的职责，听取消费者的意见和建议，接受社会监督。

依法成立的其他消费者组织依照法律、法规及其章程的规定，开展保护消费者合法权益的活动。

2. **声明书**（社会组织声明无违法记录用）

声明书

本单位在起诉被告×××污染环境/破坏生态公益诉讼前五年内（××××年××月××日至××××年××月××日）未因从事业务活动违反法律、法规的规定，受过行政、刑事处罚。

特此声明。

此致

××××人民法院

声明人（公章和签名）

××××年××月××日

【说　明】

1. 本样式根据《中华人民共和国环境保护法》第五十八条、《最高人民法院关于审理环境民事公益诉讼案件适用法律若干问题的解释》第五条、第八条第三项制定，供社会组织提起环境民事公益诉讼时，声明无违法记录用。

2. 社会组织在提起诉讼前五年内未因从事业务活动违反法律、法规的规定受过行政、刑事处罚的，可以认定为“无违法记录”。

3. 声明书应当由社会组织的法定代表人或者主要负责人签名并加盖公章。

【法律依据】

1. **《中华人民共和国环境保护法》**（2014 年 4 月 24 日）

第五十八条　对污染环境、破坏生态，损害社会公共利益的行为，符合下列条件的社会组织可以向人民法院提起诉讼：

（一）依法在设区的市级以上人民政府民政部门登记；

（二）专门从事环境保护公益活动连续五年以上且无违法记录。

符合前款规定的社会组织向人民法院提起诉讼，人民法院应当依法受理。

提起诉讼的社会组织不得通过诉讼牟取经济利益。

2. **《最高人民法院关于审理环境民事公益诉讼案件适用法律若干问题的解释》**（2020 年 12 月 29 日）

第五条　社会组织在提起诉讼前五年内未因从事业务活动违反法律、法规的规定受过行政、刑事处罚的，可以认定为环境保护法第五十八条规定的“无违法记录”。

第八条　提起环境民事公益诉讼应当提交下列材料：

（一）符合民事诉讼法第一百二十一条规定的起诉状，并按照被告人数提出副本；

（二）被告的行为已经损害社会公共利益或者具有损害社会公共利益重大风险的初步证明材料；

（三）社会组织提起诉讼的，应当提交社会组织登记证书、章程、起诉前连续五年的年度工作报告书或者年检报告书，以及由其法定代表人或者负责人签字并加盖公章的无违法记录的声明。

3. **申请书**（其他机关和有关组织申请参加公益诉讼用）

申请书

申请人：×××，住所地……。

法定代表人/主要负责人：×××，……（写明职务），联系方式：……。

委托诉讼代理人：×××，……。

（以上写明申请人和其他诉讼参加人的姓名或者名称等基本信息）

请求事项：

作为共同原告参加你院（××××）……号原告×××与被告×××污染环境/破坏生态/侵害消费者权益公益诉讼一案。

事实和理由：

你院（××××）……号原告×××与被告×××污染环境/破坏生态/侵害消费者权益公益诉讼一案，于××××年××月××日发出公告。

……（写明申请参加公益诉讼的事实和理由）。

此致

××××人民法院

申请人（公章和签名）

××××年××月××日

【说　明】

1. 本样式根据《最高人民法院关于适用〈中华人民共和国民事诉讼法〉的解释》**第二百八十五条**、《最高人民法院关于审理环境民事公益诉讼案件适用法律若干问题的解释》第十条第二款、《最高人民法院关于审理消费民事公益诉讼案件适用法律若干问题的解释》第七条制定，供有权提起诉讼的其他机关和社会组织在人民法院公告之日起三十日内或者一审开庭前，向受理公益诉讼的人民法院，申请作为共同原告参加公益诉讼用。

2. 有权提起诉讼的其他机关和社会组织在污染环境或者破坏生态公益诉讼公告之日起三十日内申请参加诉讼，经审查符合法定条件的，人民法院应当将其列为共同原告；逾期申请的，不予准许。

3. 人民法院受理消费民事公益诉讼案件后，依法可以提起诉讼的其他机关或者社会组织，可以在一审开庭前向人民法院申请参加诉讼。经审查符合法定条件的，人民法院应当将申请人列为共同原告；逾期申请的，不予准许。

【法律依据】

1. **《最高人民法院关于适用〈中华人民共和国民事诉讼法〉的解释》**（2022年4月1日）

第二百八十五条　人民法院受理公益诉讼案件后，依法可以提起诉讼的其他机关和有关组织，可以在开庭前向人民法院申请参加诉讼。人民法院准许参加诉讼的，列为共同原告。

2. **《最高人民法院关于审理环境民事公益诉讼案件适用法律若干问题的解释》**（2020年12月29日）

第十条第二款　有权提起诉讼的其他机关和社会组织在公告之日起三十日内申请参加诉讼，经审查符合法定条件的，人民法院应当将其列为共同原告；逾期申请的，不予准许。

3. **《最高人民法院关于审理消费民事公益诉讼案件适用法律若干问题的解释》**（2020年12月29日）

第七条　人民法院受理消费民事公益诉讼案件后，依法可以提起诉讼的其他机关或者社会组织，可以在一审开庭前向人民法院申请参加诉讼。

人民法院准许参加诉讼的，列为共同原告；逾期申请的，不予准许。

4. **意见书**（支持起诉单位提交书面意见用）

意见书

支持起诉单位：×××，住所地……。

法定代表人/主要负责人：×××，……（写明职务），联系方式：……。

委托诉讼代理人：×××，……。

（以上写明支持起诉单位和其他诉讼参加人的姓名或者名称等基本信息）

依照《中华人民共和国民事诉讼法》第十五条的规定，对你院（××××）……号……（写明当事人和案由）一案，本单位提出书面意见如下：

……（写明支持原告的诉讼请求、事实和理由的意见）。

此致

××××人民法院

支持起诉单位（签名和公章）

××××年××月××日

【说　明】

本样式根据《中华人民共和国民事诉讼法》第十五条制定，供有关单位支持提起公益诉讼，向人民法院提交书面意见用。

【法律依据】

《中华人民共和国民事诉讼法》（2023年9月1日）

第十五条　机关、社会团体、企业事业单位对损害国家、集体或者个人民事权益的行为，可以支持受损害的单位或者个人向人民法院起诉。

十四、第三人撤销之诉

1. **民事起诉状**（提起第三人撤销之诉用）

民事起诉状

原告：×××，男/女，××××年××月××日出生，×族，……（写明工作单位和职务或者职业），住……。联系方式：……。

法定代理人/指定代理人：×××，……。

委托诉讼代理人：×××，……。

被告（原审原告）：×××，……。

……

被告（原审被告）：×××，……。

……

第三人：×××，……。

……

（以上写明当事人和其他诉讼参加人的姓名或者名称等基本信息）

诉讼请求：

1.（全部请求撤销的，写明：）撤销××××人民法院（××××）……号民事判决/民事裁定/民事调解书；

（部分请求撤销的，写明：）撤销××××人民法院（××××）……号民事判决/民事裁定/民事调解书第×项；

（请求改变的，写明：）变更××××人民法院（××××）……号民事判决/民事裁定/民事调解书第×项为……（写明变更的具体内容）。

2.……（写明其他诉讼请求）。

事实和理由：

××××年××月××日，××××人民法院（××××）……号对……（写明当事人和案由）一案作出民事判决/民事裁定/民事调解书：……（写明判决结果）。

……（写明提起第三人撤销之诉的事实和理由）。

证据和证据来源，证人姓名和住所：

……

此致

××××人民法院

附：本起诉状副本×份

起诉人（签名或者盖章）

××××年××月××日

【说　明】

1. 本样式根据《中华人民共和国民事诉讼法》**第五十九条第三款、第一百二十四条**以及《最高人民法院关于适用〈中华人民共和国民事诉讼法〉的解释》**第二百九十条、第二百九十三条、第二百九十四条、第二百九十六条**制定，供因不能归责于本人的事由未参加诉讼，但有证据证明发生法律效力的判决、裁定、调解书的部分或者全部内容错误，损害其民事权益的第三人，自知道或者应当知道其民事权益受到损害之日起六个月内，向作出该生效判决、裁定、调解书的人民法院提起诉讼用。

2. 当事人是法人或者其他组织的，写明名称住所。另起一行写明法定代表人、主要负责人及其姓名、职务、联系方式。

3. 第三人撤销之诉，应当将第三人列为原告，生效判决、裁定、调解书的当事人列为被告，但生效判决、裁定、调解书中没有承担责任的无独立请求权的第三人列为第三人。

4. 诉讼请求中应当写明请求撤销的原生效判决、裁定的主文或者调解协议书中处理当事人权利义务的结果。

5. 因不能归责于本人的事由未参加诉讼，是指没有被列为生效判决、裁定、调解书当事人，且无过错或者无明显过错的情形。包括：(一) 不知道诉讼而未参加的；(二) 申请参加未获准许的；(三) 知道诉讼，但因客观原因无法参加的；(四) 因其他不能归责于本人的事由未参加诉讼的。

6. 提供的证据材料应当包括：(一) 因不能归责于本人的事由未参加诉讼；(二) 发生法律效力的判决、裁定、调解书的全部或者部分内容错误；(三) 发生法律效力的判决、裁定、调解书内容错误损害其民事权益。

7. 提起第三人撤销之诉的，应当附请求人民法院撤销的发生法律效力的判决书/裁定/调解书。

【法律依据】

1. **《中华人民共和国民事诉讼法》**(2023 年 9 月 1 日)

第五十九条第三款　前两款规定的第三人，因不能归责于本人的事由未参加诉讼，但有证据证明发生法律效力的判决、裁定、调解书的部分或者全部内容错误，损害其民事权益的，可以自知道或者应当知道其民事权益受到损害之日起六个月内，向作出该判决、裁定、调解书的人民法院提起诉讼。

人民法院经审理，诉讼请求成立的，应当改变或者撤销原判决、裁定、调解书；诉讼请求不成立的，驳回诉讼请求。

第一百二十四条 起诉状应当记明下列事项：

（一）原告的姓名、性别、年龄、民族、职业、工作单位、住所、联系方式，法人或者其他组织的名称、住所和法定代表人或者主要负责人的姓名、职务、联系方式；

（二）被告的姓名、性别、工作单位、住所等信息，法人或者其他组织的名称、住所等信息；

（三）诉讼请求和所根据的事实与理由；

（四）证据和证据来源，证人姓名和住所。

2.《最高人民法院关于适用〈中华人民共和国民事诉讼法〉的解释》（2022年4月1日）

第二百九十条 第三人对已经发生法律效力的判决、裁定、调解书提起撤销之诉的，应当自知道或者应当知道其民事权益受到损害之日起六个月内，向作出生效判决、裁定、调解书的人民法院提出，并应当提供存在下列情形的证据材料：

（一）因不能归责于本人的事由未参加诉讼；

（二）发生法律效力的判决、裁定、调解书的全部或者部分内容错误；

（三）发生法律效力的判决、裁定、调解书内容错误损害其民事权益。

第二百九十三条 民事诉讼法第五十九条第三款规定的因不能归责于本人的事由未参加诉讼，是指没有被列为生效判决、裁定、调解书当事人，且无过错或者无明显过错的情形。包括：

（一）不知道诉讼而未参加的；

（二）申请参加未获准许的；

（三）知道诉讼，但因客观原因无法参加的；

（四）因其他不能归责于本人的事由未参加诉讼的。

第二百九十四条 民事诉讼法第五十九条第三款规定的判决、裁定、调解书的部分或者全部内容，是指判决、裁定的主文，调解书中处理当事人民事权利义务的结果。

第二百九十六条 第三人提起撤销之诉，人民法院应当将该第三人列为原告，生效判决、裁定、调解书的当事人列为被告，但生效判决、裁定、调解书中没有承担责任的无独立请求权的第三人列为第三人。

十五、执行异议之诉

1. **民事起诉状**（案外人提起执行异议之诉用）

民事起诉状

原告（案外人）：×××，男/女，××××年××月××日出生，×族，……（写明工作单位和职务或者职业），住……。联系方式：……。

法定代理人/指定代理人：×××，……。

委托诉讼代理人：×××，……。

被告（申请执行人）：×××，……。

……

被告/第三人（被执行人）：×××，……。

……

（以上写明当事人和其他诉讼参加人的姓名或者名称等基本信息）

诉讼请求：

1. 不得执行……（写明执行标的）；

2. （请求确认权利的，写明：）……。

事实和理由：

××××年××月××日，××××人民法院（××××）……号对……（写明当事人和案由）一案作出民事判决/民事裁定/民事调解书：……（写明判决结果）。

××××年××月××日，×××对执行标的提出书面异议。××××人民法院于××××年××月××日作出（××××）……执异……号执行异议裁定：驳回×××的异议。

……（写明事实和理由）。

证据和证据来源，证人姓名和住所：

……

此致

××××人民法院

附：本起诉状副本×份

起诉人（签名或者盖章）

××××年××月××日

【说　明】

1. 本样式根据《中华人民共和国民事诉讼法》**第一百二十二条、第二百三十八条**以及《最高人民法院关于适用〈中华人民共和国民事诉讼法〉的解释》**第三百零二条、第三百零三条、第三百零五条**制定，供案外人对执行异议裁定不服的，提起执行异议之诉用。

2. 当事人是法人或者其他组织的，写明名称住所。另起一行写明法定代表人、主要负责人及其姓名、职务、联系方式。

3. 案外人提起执行异议之诉，除符合民事诉讼法第一百一十九条规定外，还应当具备下列条件：（一）案外人的执行异议申请已经被人民法院裁定驳回；（二）有明确的排除对执行标的执行的诉讼请求，且诉讼请求与原判决、裁定无关；（三）自执行异议裁定送达之日起十五日内提起。

4. 案外人提起执行异议之诉的，以申请执行人为被告。

5. 诉讼请求中应当写明请求不得执行的执行标的，并可以写明确认权利的诉讼请求。

6. 提起执行异议之诉的，应当附驳回执行异议裁定书。

【法律依据】

1. **《中华人民共和国民事诉讼法》**（2023 年 9 月 1 日）

第一百二十二条　起诉必须符合下列条件：

（一）原告是与本案有直接利害关系的公民、法人和其他组织；

（二）有明确的被告；

（三）有具体的诉讼请求和事实、理由；

（四）属于人民法院受理民事诉讼的范围和受诉人民法院管辖。

第一百二十四条　起诉状应当记明下列事项：

（一）原告的姓名、性别、年龄、民族、职业、工作单位、住所、联系方式，法人或者其他组织的名称、住所和法定代表人或者主要负责人的姓名、职务、联系方式；

（二）被告的姓名、性别、工作单位、住所等信息，法人或者其他组织的名称、住所等信息；

（三）诉讼请求和所根据的事实与理由；

（四）证据和证据来源，证人姓名和住所。

第二百三十八条 执行过程中，案外人对执行标的提出书面异议的，人民法院应当自收到书面异议之日起十五日内审查，理由成立的，裁定中止对该标的的执行；理由不成立的，裁定驳回。案外人、当事人对裁定不服，认为原判决、裁定错误的，依照审判监督程序办理；与原判决、裁定无关的，可以自裁定送达之日起十五日内向人民法院提起诉讼。

2. **《最高人民法院关于适用〈中华人民共和国民事诉讼法〉的解释》**（2022 年 4 月 1 日）

第三百零二条 根据民事诉讼法第二百三十四条规定，案外人、当事人对执行异议裁定不服，自裁定送达之日起十五日内向人民法院提起执行异议之诉的，由执行法院管辖。

第三百零三条 案外人提起执行异议之诉，除符合民事诉讼法第一百二十二条规定外，还应当具备下列条件：

（一）案外人的执行异议申请已经被人民法院裁定驳回；

（二）有明确的排除对执行标的执行的诉讼请求，且诉讼请求与原判决、裁定无关；

（三）自执行异议裁定送达之日起十五日内提起。

人民法院应当在收到起诉状之日起十五日内决定是否立案。

第三百零五条 案外人提起执行异议之诉的，以申请执行人为被告。被执行人反对案外人异议的，被执行人为共同被告；被执行人不反对案外人异议的，可以列被执行人为第三人。

2. **民事起诉状**（申请执行人提起执行异议之诉用）

民事起诉状

原告（申请执行人）：×××，男/女，××××年××月××日出生，×族，……（写明工作单位和职务或者职业），住……。联系方式：……。

法定代理人/指定代理人：×××，……。

委托诉讼代理人：×××，……。

被告（案外人）：×××，……。

……

被告/第三人（被执行人）：×××，……。

……

（以上写明当事人和其他诉讼参加人的姓名或者名称等基本信息）

诉讼请求：

准许执行……（写明执行标的）。

事实和理由：

××××年××月××日，××××人民法院（××××）……号对……（写明当事人和案由）一案作出民事判决/民事裁定/民事调解书：……（写明判决结果）。

××××年××月××日，被告（案外人）×××对执行标的提出书面异议。××××人民法院于××××年××月××日作出（××××）……执异……号执行异议裁定：中止……（××××）……号……（写明案号、文书名称和执行项）的执行。

……（写明事实和理由）。

证据和证据来源，证人姓名和住所：

1. ××××人民法院（××××）……号民事判决/民事裁定/民事调解书；

2. ××××人民法院（××××）……执异……号执行裁定书；

……

此致

××××人民法院

附：本起诉状副本×份

起诉人（签名或者盖章）

××××年××月××日

【说　明】

1. 本样式根据《中华人民共和国民事诉讼法》**第一百二十二条、第一百二十四条、第二百三十八条**以及《最高人民法院关于适用〈中华人民共和国民事诉讼法〉的解释》**第三百零二条、第三百零四条、第三百零六条**制定，供申请执行人对执行异议裁定不服的，提起执行异议之诉用。

2. 当事人是法人或者其他组织的，写明名称住所。另起一行写明法定代表人、主要负责人及其姓名、职务、联系方式。

3. 申请执行人提起执行异议之诉，除符合民事诉讼法**第一百二十二条**规定外，还应当具备下列条件：(一) 依案外人执行异议申请，人民法院裁定中止执行；(二) 有明确的对执行标的继续执行的诉讼请求，且诉讼请求与原判决、裁定无关；(三) 自执行异议裁定送达之日起十五日内提起。

4. 申请执行人提起执行异议之诉的，以案外人为被告。被执行人反对申请执行人主张的，以案外人和被执行人为共同被告；被执行人不反对申请执行人主张的，可以列被执行人为第三人。

5. 诉讼请求中应当写明准许执行争议的执行标的。

【法律依据】

1. **《中华人民共和国民事诉讼法》**(2023 年 9 月 1 日)

第一百二十二条　起诉必须符合下列条件：

(一) 原告是与本案有直接利害关系的公民、法人和其他组织；

(二) 有明确的被告；

(三) 有具体的诉讼请求和事实、理由；

(四) 属于人民法院受理民事诉讼的范围和受诉人民法院管辖。

第一百二十四条　起诉状应当记明下列事项：

(一) 原告的姓名、性别、年龄、民族、职业、工作单位、住所、联系方式，法人或者其他组织的名称、住所和法定代表人或者主要负责人的姓名、职务、联系方式；

(二) 被告的姓名、性别、工作单位、住所等信息，法人或者其他组织的名称、住所等信息；

(三) 诉讼请求和所根据的事实与理由；

(四) 证据和证据来源，证人姓名和住所。

第二百三十八条 执行过程中，案外人对执行标的提出书面异议的，人民法院应当自收到书面异议之日起十五日内审查，理由成立的，裁定中止对该标的的执行；理由不成立的，裁定驳回。案外人、当事人对裁定不服，认为原判决、裁定错误的，依照审判监督程序办理；与原判决、裁定无关的，可以自裁定送达之日起十五日内向人民法院提起诉讼。

2.**《最高人民法院关于适用〈中华人民共和国民事诉讼法〉的解释》**（2022年4月1日）

第三百零二条 根据民事诉讼法第二百三十四条规定，案外人、当事人对执行异议裁定不服，自裁定送达之日起十五日内向人民法院提起执行异议之诉的，由执行法院管辖。

第三百零四条 申请执行人提起执行异议之诉，除符合民事诉讼法第一百二十二条规定外，还应当具备下列条件：

（一）依案外人执行异议申请，人民法院裁定中止执行；

（二）有明确的对执行标的继续执行的诉讼请求，且诉讼请求与原判决、裁定无关；

（三）自执行异议裁定送达之日起十五日内提起。

人民法院应当在收到起诉状之日起十五日内决定是否立案。

第三百零六条 申请执行人提起执行异议之诉的，以案外人为被告。被执行人反对申请执行人主张的，以案外人和被执行人为共同被告；被执行人不反对申请执行人主张的，可以列被执行人为第三人。

十六、第二审程序

1. **民事上诉状**（当事人提起上诉用）

民事上诉状

上诉人（原审诉讼地位）：×××，男/女，××××年××月××日出生，×族，……（写明工作单位和职务或者职业），住……。联系方式：……。

法定代理人/指定代理人：×××，……。

委托诉讼代理人：×××，……。

被上诉人（原审诉讼地位）×××，……。

……

（以上写明当事人和其他诉讼参加人的姓名或者名称等基本信息）

×××因与×××……（写明案由）一案，不服××××人民法院××××年××月××日作出的（××××）……号民事判决/裁定，现提起上诉。

上诉请求：

……

上诉理由：

……

此致

××××人民法院

附：本上诉状副本×份

上诉人（签名或者盖章）

××××年××月××日

【说　明】

1. 本样式根据《中华人民共和国民事诉讼法》**第一百七十一条、第一百七十二条、第一百七十三条、第二百八十六条**制定，供不服第一审人民法院民事判决或者裁定的当事人，向上一级人民法院提起上诉用。

2. 当事人是法人或者其他组织的，写明名称住所。另起一行写明法定代表人、主要负责人及其姓名、职务、联系方式。

3. 当事人不服地方人民法院第一审判决的，有权在判决书送达之日起十五日内向上一级人民法院提起上诉。当事人不服地方人民法院第一审裁定的，有权在裁定书送达之日起十日内向上一级人民法院提起上诉。在中华人民共和国领域内没有住所的当事人，不服第一审人民法院判决、裁定的，有权在判决书、裁定书送达之日起三十日内提起上诉。

4. 上诉状的内容，应当包括当事人的姓名，法人的名称及其法定代表人的姓名或者其他组织的名称及其主要负责人的姓名；原审人民法院名称、案件的编号和案由；上诉的请求和理由。

5. 上诉状应当通过原审人民法院提出，并按照对方当事人或者代表人的人数提出副本。

6. 有新证据的，应当在上诉理由之后写明证据和证据来源，证人姓名和住所。

【法律依据】

《中华人民共和国民事诉讼法》（2023年9月1日）

第一百七十一条　当事人不服地方人民法院第一审判决的，有权在判决书送达之日起十五日内向上一级人民法院提起上诉。

当事人不服地方人民法院第一审裁定的，有权在裁定书送达之日起十日内向上一级人民法院提起上诉。

第一百七十二条　上诉应当递交上诉状。上诉状的内容，应当包括当事人的姓名，法人的名称及其法定代表人的姓名或者其他组织的名称及其主要负责人的姓名；原审人民法院名称、案件的编号和案由；上诉的请求和理由。

第一百七十三条　上诉状应当通过原审人民法院提出，并按照对方当事人或者代表人的人数提出副本。

当事人直接向第二审人民法院上诉的，第二审人民法院应当在五日内将上诉状移交原审人民法院。

第二百八十六条 在中华人民共和国领域内没有住所的当事人，不服第一审人民法院判决、裁定的，有权在判决书、裁定书送达之日起三十日内提起上诉。被上诉人在收到上诉状副本后，应当在三十日内提出答辩状。当事人不能在法定期间提起上诉或者提出答辩状，申请延期的，是否准许，由人民法院决定。

十七、非诉程序

（一）选民资格案件

1. **起诉书**（申请确定选民资格用）

起诉书

起诉人：×××，男/女，××××年××月××日出生，×族，……（写明工作单位和职务或者职业），住……。联系方式：……。

法定代理人/指定代理人：×××，……。

委托诉讼代理人：×××，……。

（以上写明起诉人和其他诉讼参加人的姓名或者名称等基本信息）

请求事项：

确定×××在……选区具有/不具有选民资格。

事实和理由：

……（写明选举委员会对选民资格的申诉所作的处理决定）。

……（写明起诉人/有关公民×××具有/不具有选民资格的事实和理由）。

此致

××××人民法院

附：……选举委员会关于……的决定

起诉人（签名或者公章）

××××年××月××日

【说　明】

1. 本样式根据《中华人民共和国民事诉讼法》**第一百八十八条**制定，供公民不服选举委员会对选民资格的申诉所作的处理决定，在选举日的五日以前向选区所在地基层人民法院起诉用。

2. 起诉书应当附选举委员会对选民资格的申诉所作的处理决定。

【法律依据】

《中华人民共和国民事诉讼法》（2023 年 9 月 1 日）

第一百八十八条　公民不服选举委员会对选民资格的申诉所作的处理决定，可以在选举日的五日以前向选区所在地基层人民法院起诉。

（二）宣告失踪、宣告死亡案件

2. **申请书**（申请宣告公民失踪用）

申请书

申请人：×××，男/女，××××年××月××日出生，×族，……（写明工作单位和职务或者职业），住……。联系方式：……。

法定代理人/指定代理人：×××，……。

委托诉讼代理人：×××，……。

（以上写明申请人和其他诉讼参加人的姓名或者名称等基本信息）

请求事项：

1. 宣告×××失踪；

2. 指定×××为失踪人×××的财产代管人。

事实和理由：

申请人×××与下落不明人×××，男/女，××××年××月××日出生，×族，……（写明工作单位和职务或者职业），住……，系……（写明双方的关系）。……（写明下落不明的事实、时间），至今已下落不明满二年。

此致

××××人民法院

附：……关于×××下落不明的证明

申请人（签名或者公章）

××××年××月××日

【说　明】

1. 本样式根据《中华人民共和国民事诉讼法》**第一百九十条**制定，供公民下落不明满二年的，利害关系人向下落不明人住所地基层人民法院申请宣告失踪用。

2. 申请书应当写明下落不明的事实、时间和请求，并附有公安机关或者其他有关机关关于该公民下落不明的书面证明。

【法律依据】

《中华人民共和国民事诉讼法》（2023 年 9 月 1 日）

第一百九十条　公民下落不明满二年，利害关系人申请宣告其失踪的，向下落不明人住所地基层人民法院提出。

申请书应当写明失踪的事实、时间和请求，并附有公安机关或者其他有关机关关于该公民下落不明的书面证明。

3. **申请书**（申请撤销宣告失踪用）

申请书

申请人：×××，男/女，××××年××月××日出生，×族，……（写明工作单位和职务或者职业），住……。联系方式：……。

法定代理人/指定代理人：×××，……。

委托诉讼代理人：×××，……。

（以上写明申请人和其他诉讼参加人的姓名或者名称等基本信息）

请求事项：

撤销××××人民法院（××××）……民特……号宣告失踪民事判决书。

事实和理由：

××××年××月××日，××××人民法院作出（××××）……民特……号民事判决：一、宣告×××失踪；二、指定×××为失踪人×××的财产代管人。

……（写明被宣告失踪人已重新出现或者确知其下落的事实）。

此致

××××人民法院

附：××××人民法院（××××）……民特……号民事判决书

申请人（签名或者盖章）

××××年××月××日

【说　明】

1. 本样式根据《中华人民共和国民事诉讼法》**第一百九十三条**制定，供被宣告失踪的公民重新出现后，本人或者利害关系人申请人民法院撤销宣告失踪判决用。

2. 申请人为利害关系人的，在申请人的姓名或者名称等基本信息中最后写明与被宣告失踪人的关系“系×××的……”。

【法律依据】

《中华人民共和国民事诉讼法》（2023年9月1日）

第一百九十三条　被宣告失踪、宣告死亡的公民重新出现，经本人或者利害关系人申请，人民法院应当作出新判决，撤销原判决。

4. **申请书**（申请变更失踪人财产代管人用）

申请书

申请人：×××，男/女，××××年××月××日出生，×族，……（写明工作单位和职务或者职业），住……。联系方式：……。

法定代理人/指定代理人：×××，……。

委托诉讼代理人：×××，……。

（以上写明申请人和其他诉讼参加人的姓名或者名称等基本信息）

请求事项：

1. 撤销×××为失踪人×××的财产代管人；
2. 指定×××为失踪人×××的财产代管人。

事实和理由：

××××年××月××日，××××人民法院作出（××××）……民特……号民事判决：一、宣告×××为失踪人；二、指定×××为失踪人×××的财产代管人。

……（写明原财产代管人不能继续代管的事实和理由）。

此致

××××人民法院

附：××××人民法院（××××）……民特……号民事判决书

申请人（签名或者盖章）

××××年××月××日

【说　明】

1. 本样式根据《最高人民法院关于适用〈中华人民共和国民事诉讼法〉的解释》**第三百四十二条第一款**制定，供失踪人的财产代管人经人民法院指定后，代管人向人民法院申请变更财产代管人用。

2. 失踪人的其他利害关系人申请变更代管的，人民法院应当告知其以原指定的代管人为被告起诉，并按普通程序进行审理。

【法律依据】

《最高人民法院关于适用〈中华人民共和国民事诉讼法〉的解释》（2022年4月1日）

第三百四十二条第一款　失踪人的财产代管人经人民法院指定后，代管人申请变更代管的，比照民事诉讼法特别程序的有关规定进行审理。申请理由成立的，裁定撤销申请人的代管人身份，同时另行指定财产代管人；申请理由不成立的，裁定驳回申请。

5. **申请书**（申请宣告公民死亡用）

申请书

申请人：×××，男/女，××××年××月××日出生，×族，……（写明工作单位和职务或者职业），住……。联系方式：……。

法定代理人/指定代理人：×××，……。

委托诉讼代理人：×××，……。

（以上写明申请人和其他诉讼参加人的姓名或者名称等基本信息）

请求事项：

宣告×××死亡。

事实和理由：

申请人×××与下落不明人×××，男/女，××××年××月××日出生，×族，……（写明工作单位和职务或者职业），住……，系……（写明双方的关系）。

……（写明下落不明人下落不明的事实、时间）

此致

××××人民法院

附：……关于×××下落不明的证明

申请人（签名或者公章）

××××年××月××日

【说　明】

1. 本样式根据《中华人民共和国民事诉讼法》**第一百九十一条**制定，供公民下落不明满四年，或者因**“意外事件”**①下落不明满二年，或者因**“意外事件”**下落不明，经有关机关证明该公民不可能生存，利害关系人向下落不明人住所地基层人民法院申请宣告死亡用。

2. 申请书应当写明下落不明的事实、时间和请求，并附有公安机关或者其他有关机关关于该公民下落不明的书面证明。

3. 因**“意外事件”**下落不明，经有关机关证明该公民不可能生存的，应附有关机关关于该公民不可能生存的书面证明。

【法律依据】

《中华人民共和国民事诉讼法》（2023 年 9 月 1 日）

第一百九十一条　公民下落不明满四年，或者因意外事件下落不明满二年，或者因意外事件下落不明，经有关机关证明该公民不可能生存，利害关系人申请宣告其死亡的，向下落不明人住所地基层人民法院提出。

申请书应当写明下落不明的事实、时间和请求，并附有公安机关或者其他有关机关关于该公民下落不明的书面证明。

① 根据《中华人民共和国民事诉讼法》（2023 年）第一百九十一条规定，将原说明中的“意外事故”修改为“意外事件”。

6. **申请书**（申请撤销宣告死亡用）

申请书

申请人：×××，男/女，××××年××月××日出生，×族，……（写明工作单位和职务或者职业），住……。联系方式：……。

法定代理人/指定代理人：×××，……。

委托诉讼代理人：×××，……。

（以上写明申请人和其他诉讼参加人的姓名或者名称等基本信息）

请求事项：

撤销××××人民法院（××××）……民特……号宣告死亡民事判决。

事实和理由：

××××年××月××日，××××人民法院作出（××××）……民特……号民事判决，宣告×××死亡。……（写明被宣告死亡人已重新出现或者确知其下落的事实）。

此致

××××人民法院

附：××××人民法院（××××）……民特……号民事判决书

申请人（签名或者盖章）

××××年××月××日

【说　明】

1. 本样式根据《中华人民共和国民事诉讼法》**第一百九十三条**制定，供被宣告死亡的公民重新出现后，本人或者利害关系人申请人民法院撤销宣告死亡判决用。

2. 申请人为利害关系人的，在申请人的姓名或者名称等基本信息中最后写明与被宣告死亡人的关系“系×××的……”。

【法律依据】

《中华人民共和国民事诉讼法》（2023年9月1日）

第一百九十三条　被宣告失踪、宣告死亡的公民重新出现，经本人或者利害关系人申请，人民法院应当作出新判决，撤销原判决。

（三）认定公民民事行为能力案件

7. 申请书（申请宣告公民无民事行为能力用）

申请书

申请人：×××，男/女，××××年××月××日出生，×族，……（写明工作单位和职务或者职业），住……。联系方式：……。

法定代理人/指定代理人：×××，……。

委托诉讼代理人：×××，……。

被申请人：×××，……。

……

（以上写明当事人和其他诉讼参加人的姓名或者名称等基本信息）

请求事项：

1. 宣告×××为无民事行为能力人；

2. 指定×××为×××的监护人。

事实和理由：

申请人×××与被申请人×××系……（写明双方的关系）。……（写明被申请人为无民事行为能力人的事实）。

此致

××××人民法院

附：……诊断证明/鉴定意见书

申请人（签名或者盖章）

××××年××月××日

【说　明】

1. 本样式根据《中华人民共和国民事诉讼法》**第一百九十八条**制定，供近亲属或者其他利害关系人向该公民住所地基层人民法院申请认定无民事行为能力人用。

2. 申请书应当写明该公民为无民事行为能力人的事实。

【法律依据】

《中华人民共和国民事诉讼法》（2023 年 9 月 1 日）

第一百九十八条　申请认定公民无民事行为能力或者限制民事行为能力，由利害关系人或者有关组织向该公民住所地基层人民法院提出。

申请书应当写明该公民无民事行为能力或者限制民事行为能力的事实和根据。

8. **申请书**（申请宣告公民限制民事行为能力用）

申请书

申请人：×××，男/女，××××年××月××日出生，×族，……（写明工作单位和职务或者职业），住……。联系方式：……。

法定代理人/指定代理人：×××，……。

委托诉讼代理人：×××，……。

被申请人：×××，……。

……

（以上写明当事人和其他诉讼参加人的姓名或者名称等基本信息）

请求事项：

1. 宣告×××为限制民事行为能力人；

2. 指定×××为×××的监护人。

事实和理由：

申请人×××与被申请人×××系……（写明双方的关系）。……（写明被申请人为限制民事行为能力人的事实）。

此致

××××人民法院

附：……诊断证明/鉴定意见书

申请人（签名或者盖章）

××××年××月××日

【说　明】

1. 本样式根据《中华人民共和国民事诉讼法》**第一百九十八条**制定，供近亲属或者其他利害关系人向该公民住所地基层人民法院申请认定限制民事行为能力人用。

2. 申请书应当写明该公民为限制民事行为能力人的事实。

【法律依据】

《中华人民共和国民事诉讼法》（2023年9月1日）

第一百九十八条　申请认定公民无民事行为能力或者限制民事行为能力，由利害关系人或者有关组织向该公民住所地基层人民法院提出。

申请书应当写明该公民无民事行为能力或者限制民事行为能力的事实和根据。

9. **申请书**（申请宣告公民恢复限制民事行为能力用）

申请书

申请人：×××，男/女，××××年××月××日出生，×族，……（写明工作单位和职务或者职业），住……。联系方式：……。

法定代理人/指定代理人：×××，……。

委托诉讼代理人：×××，……。

被申请人：×××，……。

……

（以上写明申请人和其他诉讼参加人的姓名或者名称等基本信息）

请求事项：

1. 撤销××××人民法院（××××）……民特……号宣告无民事行为能力民事判决；

2. 恢复×××为限制民事行为能力人。

事实和理由：

××××年××月××日，××××人民法院作出（××××）……民特……号民事判决：一、宣告×××为无民事行为能力人；二、指定×××为×××的监护人。

……（写明恢复限制民事行为能力的事实）。

此致

××××人民法院

附：……诊断证明/鉴定意见书

申请人（签名或者盖章）

××××年××月××日

【说　明】

1. 本样式根据《中华人民共和国民事诉讼法》**第二百零一条**制定，供被认定为无民事行为能力人或者他的监护人，向宣告无民事行为能力的基层人民法院，申请宣告恢复为限制民事行为能力人用。

2. 申请书应当写明公民恢复为限制民事行为能力人的事实。

【法律依据】

《中华人民共和国民事诉讼法》（2023年9月1日）

第二百零一条　人民法院根据被认定为无民事行为能力人、限制民事行为能力人本人、利害关系人或者有关组织的申请，证实该公民无民事行为能力或者限制民事行为能力的原因已经消除的，应当作出新判决，撤销原判决。

10. **申请书**（申请宣告公民恢复完全民事行为能力用）

申请书

申请人：×××，男/女，××××年××月××日出生，×族，……（写明工作单位和职务或者职业），住……。联系方式：……。

法定代理人/指定代理人：×××，……。

委托诉讼代理人：×××，……。

被申请人：×××，……。

……

（以上写明申请人和其他诉讼参加人的姓名或者名称等基本信息）

请求事项：

1. 撤销××××人民法院（××××）……民特……号宣告无/限制民事行为能力民事判决；

2. 恢复×××为完全民事行为能力人。

事实和理由：

××××年××月××日，××××人民法院作出（××××）……民特……号民事判决：一、宣告×××为无/限制民事行为能力人；二、指定×××为×××的监护人。

……（写明恢复完全民事行为能力的事实）。

此致

××××人民法院

附：……诊断证明/鉴定意见书

申请人（签名或者盖章）

××××年××月××日

【说　明】

1. 本样式根据《中华人民共和国民事诉讼法》**第二百零一条**制定，供被认定为无/限制民事行为能力人或者他的监护人，申请宣告恢复为完全民事行为能力人用。

2. 申请书应当写明公民恢复为完全民事行为能力人的事实。

【法律依据】

《中华人民共和国民事诉讼法》（2023年9月1日）

第二百零一条　人民法院根据被认定为无民事行为能力人、限制民事行为能力人本人、利害关系人或者有关组织的申请，证实该公民无民事行为能力或者限制民事行为能力的原因已经消除的，应当作出新判决，撤销原判决。

（四）认定财产无主案件

11. **申请书**（申请认定财产无主用）

申请书

申请人：×××，男/女，××××年××月××日出生，×族，……（写明工作单位和职务或者职业），住……。联系方式：……。

法定代理人/指定代理人：×××，……。

委托诉讼代理人：×××，……。

（以上写明申请人和其他诉讼参加人的姓名或者名称等基本信息）

请求事项：

认定……（写明无主财产的名称、数量）为无主财产，收归国家/……（写明集体名称）所有。

事实和理由：

……（写明请求认定财产无主的事实和理由）。

此致

××××人民法院

申请人（签名或者盖章）

××××年××月××日

【说　明】

1. 本样式根据《中华人民共和国民事诉讼法》**第二百零二条**制定，供公民、法人或者其他组织向财产所在地基层人民法院申请认定财产无主用。

2. 申请人是法人或者其他组织的，写明名称住所。另起一行写明法定代表人、主要负责人及其姓名、职务、联系方式。

3. 申请书应当写明财产的种类、数量以及要求认定财产无主的事实和理由。

4. 财产多的正文可以只写明概况，财产清单附后。

【法律依据】

《中华人民共和国民事诉讼法》（2023 年 9 月 1 日）

第二百零二条　申请认定财产无主，由公民、法人或者其他组织向财产所在地基层人民法院提出。

申请书应当写明财产的种类、数量以及要求认定财产无主的根据。

12. **申请书**（申请撤销认定财产无主用）

申请书

申请人：×××，男/女，××××年××月××日出生，×族，……（写明工作单位和职务或者职业），住……。联系方式：……。

法定代理人/指定代理人：×××，……。

委托诉讼代理人：×××，……。

（以上写明申请人和其他诉讼参加人的姓名或者名称等基本信息）

请求事项：

1. 撤销××××人民法院（××××）……民特……号认定财产无主民事判决；

2. ……（写明无主财产的名称、数量）归申请人×××所有。

事实和理由：

××××年××月××日，××××人民法院作出（××××）……民特……号民事判决：……为无主财产，收归国家/……（写明集体名称）所有。

……（写明要求撤销认定财产无主的判决以及无主财产归申请人所有的事实和理由）。

此致

××××人民法院

附：××××人民法院（××××）……民特……号认定财产无主民事判决书。

申请人（签名或者盖章）

××××年××月××日

【说　明】

1. 本样式根据《中华人民共和国民事诉讼法》**第二百零四条**制定，供原财产所有人或者继承人出现，在民法通则规定的诉讼时效期间对财产提出请求，向人民法院申请撤销认定财产无主判决用。

2. 申请人是法人或者其他组织的，写明名称住所。另起一行写明法定代表人、主要负责人及其姓名、职务、联系方式。

3. 申请书应当写明要求撤销的原申请认定财产无主民事判决，并附该判决书。

4. 财产多的正文可以只写明概况，财产清单附后。

【法律依据】

《中华人民共和国民事诉讼法》（2023 年 9 月 1 日）

第二百零四条　判决认定财产无主后，原财产所有人或者继承人出现，在民法典规定的诉讼时效期间可以对财产提出请求，人民法院审查属实后，应当作出新判决，撤销原判决。

（五）确认调解协议案件

13. **申请书**（申请司法确认调解协议用）

申请书

申请人：×××，男/女，××××年××月××日出生，×族，……（写明工作单位和职务或者职业），住……。联系方式：……。

法定代理人/指定代理人：×××，……。

委托诉讼代理人：×××，……。

申请人：×××，男/女，××××年××月××日出生，×族，……（写明工作单位和职务或者职业），住……。联系方式：……。

法定代理人/指定代理人：×××，……。

委托诉讼代理人：×××，……。

（以上写明申请人和其他诉讼参加人的姓名或者名称等基本信息）

请求事项：

确认申请人×××与×××于××××年××月××日达成的……（写明调解协议名称）有效。

事实和理由：

××××年××月××日，申请人×××与×××经……（写明调解组织名称）主持调解，达成了如下调解协议：……（写明调解协议内容）。

申请人出于解决纠纷的目的自愿达成协议，没有恶意串通、规避法律的行为；如果因为该协议内容而给国家、集体或他人造成损害的，愿意承担相应的民事责任和其他法律责任。

此致

××××人民法院

附：调解协议及调解组织主持调解的证明等材料

申请人（签名或者盖章）

××××年××月××日

【说 明】

1. 本样式根据《中华人民共和国民事诉讼法》**第二百零五条**制定，供当事人依照人民调解法等法律自调解协议生效之日起三十日内，共同向调解组织所在地基层人民法院申请司法确认调解协议用。

2. 申请人是法人或者其他组织的，写明名称住所。另起一行写明法定代表人、主要负责人及其姓名、职务、联系方式。

3. 申请书需要调解协议的当事人共同签名或者盖章。

4. 当事人口头申请的，人民法院应当记入笔录，并由当事人签名、捺印或者盖章。

5. 当事人申请司法确认调解协议，应当向人民法院提交调解协议、调解组织主持调解的证明，以及与调解协议相关的财产权利证明等材料，并提供双方当事人的身份、住所、联系方式等基本信息。当事人未提交上述材料的，人民法院应当要求当事人限期补交。

【法律依据】

《中华人民共和国民事诉讼法》（2023 年 9 月 1 日）

第二百零五条 经依法设立的调解组织调解达成调解协议，申请司法确认的，由双方当事人自调解协议生效之日起三十日内，共同向下列人民法院提出：

（一）人民法院邀请调解组织开展先行调解的，向作出邀请的人民法院提出；

（二）调解组织自行开展调解的，向当事人住所地、标的物所在地、调解组织所在地的基层人民法院提出；调解协议所涉纠纷应当由中级人民法院管辖的，向相应的中级人民法院提出。

14. **申请书**（申请撤销确认调解协议裁定用）

申请书

申请人（原申请人/利害关系人）：×××，男/女，××××年××月××日出生，×族，……（写明工作单位和职务或者职业），住……。联系方式：……。

法定代理人/指定代理人：×××，……。

委托诉讼代理人：×××，……。

被申请人（原申请人）：×××，……。

……

（以上写明当事人和其他诉讼参加人的姓名或者名称等基本信息）

请求事项：

撤销××××人民法院（××××）……民特……号民事裁定。

事实和理由：

××××年××月××日，××××人民法院作出（××××）……民特……号民事裁定：……（写明确认调解协议裁定结果）。

……（写明确认调解协议裁定错误的事实和理由）。

此致

××××人民法院

附：××××人民法院（××××）……民特……号民事裁定书

申请人（签名或者盖章）

××××年××月××日

【说　明】

1. 本样式根据《最高人民法院关于适用〈中华人民共和国民事诉讼法〉的解释》**第三百七十二条**制定，供当事人、利害关系人向作出确认调解协议裁定的基层人民法院，申请撤销确认调解协议裁定用。

2. 当事人是法人或者其他组织的，写明名称住所。另起一行写明法定代表人、主要负责人及其姓名、职务、联系方式。

3. 对人民法院作出的确认调解协议的裁定，当事人有异议的，应当自收到裁定之日起十五日内提出；利害关系人有异议的，自知道或者应当知道其民事权益受到侵害之日起六个月内提出。

【法律依据】

《最高人民法院关于适用〈中华人民共和国民事诉讼法〉的解释》（2022年4月1日）

第三百七十二条　适用特别程序作出的判决、裁定，当事人、利害关系人认为有错误的，可以向作出该判决、裁定的人民法院提出异议。人民法院经审查，异议成立或者部分成立的，作出新的判决、裁定撤销或者改变原判决、裁定；异议不成立的，裁定驳回。

对人民法院作出的确认调解协议、准许实现担保物权的裁定，当事人有异议的，应当自收到裁定之日起十五日内提出；利害关系人有异议的，自知道或者应当知道其民事权益受到侵害之日起六个月内提出。

（六）实现担保物权案件

15. **申请书**（申请实现担保物权用）

申请书

申请人：×××，男/女，××××年××月××日出生，×族，……（写明工作单位和职务或者职业），住……。联系方式：……。

法定代理人/指定代理人：×××，……。

委托诉讼代理人：×××，……。

被申请人：×××，……。

……

（以上写明当事人和其他诉讼参加人的姓名或者名称等基本信息）

请求事项：

准许拍卖/变卖被申请人×××的……（写明担保财产的名称、性质、数量、数额、所在地等），申请人×××对变价后所得价款在……（写明金额）的范围内优先受偿。

事实和理由：

……（写明申请人主张的事实和理由）。

此致

××××人民法院

申请人（签名或者盖章）

××××年××月××日

【说　明】

1. 本样式根据《中华人民共和国民事诉讼法》**第二百零七条**以及《最高人民法院关于适用〈中华人民共和国民事诉讼法〉的解释》**第三百五十九条、第三百六十五条**制定，供担保物权人以及其他有权请求实现担保物权的人依照物权法等法律，向担保财产所在地或者担保物权登记地基层人民法院申请实现担保物权用。

2. 当事人是法人或者其他组织的，写明名称住所。另起一行写明法定代表人、主要负责人及其姓名、职务、联系方式。

3. 担保物权人，包括抵押权人、质权人、留置权人；其他有权请求实现担保物权的人，包括抵押人、出质人、财产被留置的债务人或者所有权人等。

4. 实现票据、仓单、提单等有权利凭证的权利质权案件，可以由权利凭证持有人住所地人民法院管辖；无权利凭证的权利质权，由出质登记地人民法院管辖。

5. 申请实现担保物权，应当提交下列材料：证明担保物权存在的材料，包括主合同、担保合同、抵押登记证明或者他项权利证书，权利质权的权利凭证或者质权出质登记证明等；证明实现担保物权条件成就的材料；担保财产现状的说明；人民法院认为需要提交的其他材料。

【法律依据】

1.《**中华人民共和国民事诉讼法**》（2023年9月1日）

第二百零七条　申请实现担保物权，由担保物权人以及其他有权请求实现担保物权的人依照民法典等法律，向担保财产所在地或者担保物权登记地基层人民法院提出。

2.《**最高人民法院关于适用〈中华人民共和国民事诉讼法〉的解释**》（2022年4月1日）

第三百五十九条　民事诉讼法第二百零三条规定的担保物权人，包括抵押权人、质权人、留置权人；其他有权请求实现担保物权的人，包括抵押人、出质人、财产被留置的债务人或者所有权人等。

第三百六十五条　申请实现担保物权，应当提交下列材料：

（一）申请书。申请书应当记明申请人、被申请人的姓名或者名称、联系方式等基本信息，具体的请求和事实、理由；

（二）证明担保物权存在的材料，包括主合同、担保合同、抵押登记证明或者他项权利证书，权利质权的权利凭证或者质权出质登记证明等；

（三）证明实现担保物权条件成就的材料；

（四）担保财产现状的说明；

（五）人民法院认为需要提交的其他材料。

16. **异议书**（对实现担保物权申请提出异议用）

异议书

异议人（被申请人/利害关系人）：×××，男/女，××××年××月××日出生，×族，……（写明工作单位和职务或者职业），住……。联系方式：……。

法定代理人/指定代理人：×××，……。

委托诉讼代理人：×××，……。

（以上写明异议人和其他诉讼参加人的姓名或者名称等基本信息）

请求事项：

裁定驳回×××对……（写明担保财产的名称、性质、数量、数额、所在地等）实现担保物权的申请。

事实和理由：

……（写明异议人主张的事实和理由）。

此致

××××人民法院

异议人（签名或者盖章）

××××年××月××日

【说　明】

1. 本样式根据《最高人民法院关于适用〈中华人民共和国民事诉讼法〉的解释》**第三百六十六条第二款**制定，供申请实现担保物权的被申请人有异议的，在收到人民法院通知后的五日内向人民法院提出异议用。

2. 异议人是法人或者其他组织的，写明名称住所。另起一行写明法定代表人、主要负责人及其姓名、职务、联系方式。

3. 人民法院受理申请后，应当在五日内向被申请人送达申请书副本、异议权利告知书等文书。被申请人有异议的，应当在收到人民法院通知后的五日内向人民法院提出，同时说明理由并提供相应的证据材料。

【法律依据】

《最高人民法院关于适用〈中华人民共和国民事诉讼法〉的解释》（2022年4月1日）

第三百六十六条第二款　被申请人有异议的，应当在收到人民法院通知后的五日内向人民法院提出，同时说明理由并提供相应的证据材料。

17. **申请书**（申请撤销准许实现担保物权裁定用）

申请书

申请人：×××，男/女，××××年××月××日出生，×族，……（写明工作单位和职务或者职业），住……。联系方式：……。

法定代理人/指定代理人：×××，……。

委托诉讼代理人：×××，……。

被申请人：×××，……。

……

（以上写明当事人和其他诉讼参加人的姓名或者名称等基本信息）

请求事项：

撤销××××人民法院（××××）……民特……号民事裁定。

事实和理由：

××××年××月××日，××××人民法院作出（××××）……民特……号民事裁定：准许拍卖/变卖被申请人×××的……（写明担保财产的名称、性质、数量、数额、所在地等），申请人×××对变价后所得价款在……（写明金额）的范围内优先受偿。申请费……元，由……负担。

……（写明申请人主张撤销的事实和理由）。

此致

××××人民法院

附：××××人民法院（××××）……民特……号民事裁定书

申请人（签名或者盖章）

××××年××月××日

【说　明】

1. 本样式根据《最高人民法院关于适用〈中华人民共和国民事诉讼法〉的解释》**第三百七十二条**制定，供当事人、利害关系人向作出准许实现担保物权裁定的基层人民法院，申请撤销准许实现担保物权裁定用。

2. 当事人是法人或者其他组织的，写明名称住所。另起一行写明法定代表人、主要负责人及其姓名、职务、联系方式。

3. 对人民法院作出的准许实现担保物权的裁定，当事人有异议的，应当自收到裁定之日起十五日内提出；利害关系人有异议的，自知道或者应当知道其民事权益受到侵害之日起六个月内提出。

【法律依据】

《最高人民法院关于适用〈中华人民共和国民事诉讼法〉的解释》（2022年4月1日）

第三百七十二条　适用特别程序作出的判决、裁定，当事人、利害关系人认为有错误的，可以向作出该判决、裁定的人民法院提出异议。人民法院经审查，异议成立或者部分成立的，作出新的判决、裁定撤销或者改变原判决、裁定；异议不成立的，裁定驳回。

对人民法院作出的确认调解协议、准许实现担保物权的裁定，当事人有异议的，应当自收到裁定之日起十五日内提出；利害关系人有异议的，自知道或者应当知道其民事权益受到侵害之日起六个月内提出。

（七）监护权特别程序案件

18. **申请书**（申请确定监护人用）

申请书

申请人：×××，男/女，××××年××月××日出生，×族，……（写明工作单位和职务或者职业），住……。联系方式：……。

法定代理人/指定代理人：×××，……。

委托诉讼代理人：×××，……。

（以上写明申请人和其他诉讼参加人的姓名或者名称等基本信息）

请求事项：

撤销指定×××为×××的监护人。

事实和理由：

×××因对……（原指定单位）指定担任×××，……（写明被监护人的性别、出生日期、民族、写明工作单位和职务或者职业、住所）的监护人不服，向你院提出异议。

……（写明申请撤销指定监护的事实和理由）。

此致

××××人民法院

附：……指定意见书

申请人（签名或者盖章）

××××年××月××日

【说　明】

1. 本样式根据《最高人民法院关于适用〈中华人民共和国民事诉讼法〉的解释》**第三百四十九条**制定，供被指定的监护人不服指定，自接到通知之日起三十日内向人民法院提出异议用。

2. 被指定的监护人不服指定，应当自接到通知之日起三十日内向人民法院提出异议。超过三十日的，按申请变更监护人确定案由。

【法律依据】

《最高人民法院关于适用〈中华人民共和国民事诉讼法〉的解释》（2022年4月1日）

第三百四十九条　被指定的监护人不服居民委员会、村民委员会或者民政部门指定，应当自接到通知之日起三十日内向人民法院提出异议。经审理，认为指定并无不当的，裁定驳回异议；指定不当的，判决撤销指定，同时另行指定监护人。判决书应当送达异议人、原指定单位及判决指定的监护人。

有关当事人依照民法典第三十一条第一款规定直接向人民法院申请指定监护人的，适用特别程序审理，判决指定监护人。判决书应当送达申请人、判决指定的监护人。

19. **申请书**（申请变更监护人用）

申请书

申请人：×××，男/女，××××年××月××日出生，×族，……（写明工作单位和职务或者职业），住……。联系方式：……。

法定代理人/指定代理人：×××，……。

委托诉讼代理人：×××，……。

（以上写明申请人和其他诉讼参加人的姓名或者名称等基本信息）

请求事项：

1. 撤销指定×××为×××的监护人；

2. 指定×××为×××的监护人。

事实和理由：

……（写明变更监护人的事实和理由）。

此致

××××人民法院

申请人（签名或者盖章）

××××年××月××日

【说　明】

1. 本样式根据**《中华人民共和国民法典》第二十四条至第三十五条**制定，供监护人或者利害关系人向基层人民法院申请变更监护人用。

2. 申请书应当附有关单位指定意见书或者人民法院确定监护人民事判决书。

【法律依据】

《中华人民共和国民法典》（2020年5月28日）

第二十四条　不能辨认或者不能完全辨认自己行为的成年人，其利害关系人或者有关组织，可以向人民法院申请认定该成年人为无民事行为能力人或者限制民事行为能力人。

被人民法院认定为无民事行为能力人或者限制民事行为能力人的，经本人、利害关系人或者有关组织申请，人民法院可以根据其智力、精神健康恢复的状况，认定该成年人恢复为限制民事行为能力人或者完全民事行为能力人。

本条规定的有关组织包括：居民委员会、村民委员会、学校、医疗机构、妇女联合会、残疾人联合会、依法设立的老年人组织、民政部门等。

第二十五条　自然人以户籍登记或者其他有效身份登记记载的居所为住所；经常居所与住所不一致的，经常居所视为住所。

第二十六条　父母对未成年子女负有抚养、教育和保护的义务。

成年子女对父母负有赡养、扶助和保护的义务。

第二十七条　父母是未成年子女的监护人。

未成年人的父母已经死亡或者没有监护能力的，由下列有监护能力的人按顺序担任监护人：

（一）祖父母、外祖父母；

（二）兄、姐；

（三）其他愿意担任监护人的个人或者组织，但是须经未成年人住所地的居民委员会、村民委员会或者民政部门同意。

第二十八条　无民事行为能力或者限制民事行为能力的成年人，由下列有监护能力的人按顺序担任监护人：

（一）配偶；

（二）父母、子女；

（三）其他近亲属；

（四）其他愿意担任监护人的个人或者组织，但是须经被监护人住所地的居民委员会、村民委员会或者民政部门同意。

第二十九条 被监护人的父母担任监护人的，可以通过遗嘱指定监护人。

第三十条 依法具有监护资格的人之间可以协议确定监护人。协议确定监护人应当尊重被监护人的真实意愿。

第三十一条 对监护人的确定有争议的，由被监护人住所地的居民委员会、村民委员会或者民政部门指定监护人，有关当事人对指定不服的，可以向人民法院申请指定监护人；有关当事人也可以直接向人民法院申请指定监护人。

居民委员会、村民委员会、民政部门或者人民法院应当尊重被监护人的真实意愿，按照最有利于被监护人的原则在依法具有监护资格的人中指定监护人。

依据本条第一款规定指定监护人前，被监护人的人身权利、财产权利以及其他合法权益处于无人保护状态的，由被监护人住所地的居民委员会、村民委员会、法律规定的有关组织或者民政部门担任临时监护人。

监护人被指定后，不得擅自变更；擅自变更的，不免除被指定的监护人的责任。

第三十二条 没有依法具有监护资格的人的，监护人由民政部门担任，也可以由具备履行监护职责条件的被监护人住所地的居民委员会、村民委员会担任。

第三十三条 具有完全民事行为能力的成年人，可以与其近亲属、其他愿意担任监护人的个人或者组织事先协商，以书面形式确定自己的监护人，在自己丧失或者部分丧失民事行为能力时，由该监护人履行监护职责。

第三十四条 监护人的职责是代理被监护人实施民事法律行为，保护被监护人的人身权利、财产权利以及其他合法权益等。

监护人依法履行监护职责产生的权利，受法律保护。

监护人不履行监护职责或者侵害被监护人合法权益的，应当承担法律责任。

因发生突发事件等紧急情况，监护人暂时无法履行监护职责，被监护人的生活处于无人照料状态的，被监护人住所地的居民委员会、村民委员会或者民政部门应当为被监护人安排必要的临时生活照料措施。

第三十五条 监护人应当按照最有利于被监护人的原则履行监护职责。监护人除为维护被监护人利益外，不得处分被监护人的财产。

未成年人的监护人履行监护职责，在作出与被监护人利益有关的决定时，应当根据被监护人的年龄和智力状况，尊重被监护人的真实意愿。

成年人的监护人履行监护职责，应当最大程度地尊重被监护人的真实意愿，保障并协助被监护人实施与其智力、精神健康状况相适应的民事法律行为。对被监护人有能力独立处理的事务，监护人不得干涉。

20. **申请书**（申请撤销监护人资格用）

申请书

申请人：×××，男/女，××××年××月××日出生，×族，……（写明工作单位和职务或者职业），住……。联系方式：……。

委托诉讼代理人：×××，……。

（以上写明申请人和其他诉讼参加人的姓名或者名称等基本信息）

请求事项：

撤销×××为×××的监护人资格。

事实和理由：

……（写明撤销监护人的事实和理由）。

此致

××××人民法院

申请人（签名或者盖章）

××××年××月××日

【说　明】

1. 本样式根据**《中华人民共和国民法典》第三十四条**、《中华人民共和国反家庭暴力法》第二十一条第一款制定，供有关人员或者有关单位向基层人民法院申请撤销监护人资格用。

2. 申请人是有关单位的，写明名称住所。另起一行写明法定代表人、主要负责人及其姓名、职务、联系方式。

3. 监护人不履行监护职责或者侵害被监护人的合法权益的，有关人员或者有关单位可以申请撤销监护人的资格。

4. 监护人实施家庭暴力严重侵害被监护人合法权益的，被监护人的近亲属、居民委员会、村民委员会、县级人民政府民政部门等有关人员或者单位，可以申请依法撤销其监护人资格，另行指定监护人。

【法律依据】

1. **《中华人民共和国民法典》**（2020年5月28日）

第三十四条　监护人的职责是代理被监护人实施民事法律行为，保护被监护人的人身权利、财产权利以及其他合法权益等。

监护人依法履行监护职责产生的权利，受法律保护。

监护人不履行监护职责或者侵害被监护人合法权益的，应当承担法律责任。

因发生突发事件等紧急情况，监护人暂时无法履行监护职责，被监护人的生活处于无人照料状态的，被监护人住所地的居民委员会、村民委员会或者民政部门应当为被监护人安排必要的临时生活照料措施。

2. **《中华人民共和国反家庭暴力法》**（2015年12月27日）

第二十一条第一款　监护人实施家庭暴力严重侵害被监护人合法权益的，人民法院可以根据被监护人的近亲属、居民委员会、村民委员会、县级人民政府民政部门等有关人员或者单位的申请，依法撤销其监护人资格，另行指定监护人。

（八）确认仲裁协议效力案件

21. **申请书**（申请确认仲裁协议效力用）

申请书

申请人：×××，男/女，××××年××月××日出生，×族，……（写明工作单位和职务或者职业），住……。联系方式：……。

法定代理人/指定代理人：×××，……。

委托诉讼代理人：×××，……。

被申请人×××，……。

……

（以上写明当事人和其他诉讼参加人的姓名或者名称等基本信息）

请求事项：

确认申请人×××与被申请人×××的仲裁协议有效/无效。

事实和理由：

××××年××月××日，申请人×××与申请人×××以……方式订立仲裁协议，内容为：……（写明协议内容）。

……（写明申请确认仲裁协议有效/无效的事实和理由）。

此致

××××人民法院

申请人（签名或者盖章）

××××年××月××日

【说　明】

1. 本样式根据《中华人民共和国仲裁法》第二十条制定，供当事人对仲裁协议的效力有异议的，向人民法院申请确认仲裁协议效力用。

2. 当事人是法人或者其他组织的，写明名称住所。另起一行写明法定代表人、主要负责人及其姓名、职务、联系方式。

3. 有下列情形之一的，仲裁协议无效：（一）约定的仲裁事项超出法律规定的仲裁范围的；（二）无民事行为能力人或者限制民事行为能力人订立的仲裁协议；（三）一方采取胁迫手段，迫使对方订立仲裁协议的。

4. 当事人对仲裁协议的效力有异议的，可以请求仲裁委员会作出决定或者请求人民法院作出裁定。一方请求仲裁委员会作出决定，另一方请求人民法院作出裁定的，由人民法院裁定。当事人对仲裁协议的效力有异议，应当在仲裁庭首次开庭前提出。

【法律依据】

《中华人民共和国仲裁法》（2017年9月1日）

第二十条　当事人对仲裁协议的效力有异议的，可以请求仲裁委员会作出决定或者请求人民法院作出裁定。一方请求仲裁委员会作出决定，另一方请求人民法院作出裁定的，由人民法院裁定。

当事人对仲裁协议的效力有异议，应当在仲裁庭首次开庭前提出。

（九）撤销仲裁裁决案件

22. **申请书**（申请撤销仲裁裁决用）

申请书

申请人：×××，男/女，××××年××月××日出生，×族，……（写明工作单位和职务或者职业），住……。联系方式：……。

法定代理人/指定代理人：×××，……。

委托诉讼代理人：×××，……。

被申请人×××，……。

……

（以上写明当事人和其他诉讼参加人的姓名或者名称等基本信息）

请求事项：

撤销××××仲裁委员会……号裁决。

事实和理由：

××××年××月××日，××××仲裁委员会作出（××××）……号裁决：……（写明仲裁裁决结果）。

……（写明申请撤销裁决的事实和理由）。

此致

××××人民法院

附：××××仲裁委员会……号裁决书

申请人（签名或者盖章）

××××年××月××日

【说　明】

1. 本样式根据《中华人民共和国仲裁法》第五十八条、第五十九条制定，供当事人自收到裁决书之日起六个月内，向仲裁委员会所在地的中级人民法院申请撤销仲裁裁决用。

2. 当事人是法人或者其他组织的，写明名称住所。另起一行写明法定代表人、主要负责人及其姓名、职务、联系方式。

3. 当事人提出证据证明裁决有下列情形之一的，可以向仲裁委员会所在地的中级人民法院申请撤销裁决：（一）没有仲裁协议的；（二）裁决的事项不属于仲裁协议的范围或者仲裁委员会无权仲裁的；（三）仲裁庭的组成或者仲裁的程序违反法定程序的；（四）裁决所根据的证据是伪造的；（五）对方当事人隐瞒了足以影响公正裁决的证据的；（六）仲裁员在仲裁该案时有索贿受贿，徇私舞弊，枉法裁决行为的。

【法律依据】

《中华人民共和国仲裁法》（2017 年 9 月 1 日）

第五十八条　当事人提出证据证明裁决有下列情形之一的，可以向仲裁委员会所在地的中级人民法院申请撤销裁决：

（一）没有仲裁协议的；

（二）裁决的事项不属于仲裁协议的范围或者仲裁委员会无权仲裁的；

（三）仲裁庭的组成或者仲裁的程序违反法定程序的；

（四）裁决所根据的证据是伪造的；

（五）对方当事人隐瞒了足以影响公正裁决的证据的；

（六）仲裁员在仲裁该案时有索贿受贿，徇私舞弊，枉法裁决行为的。

人民法院经组成合议庭审查核实裁决有前款规定情形之一的，应当裁定撤销。

人民法院认定该裁决违背社会公共利益的，应当裁定撤销。

第五十九条　当事人申请撤销裁决的，应当自收到裁决书之日起六个月内提出。

23. **申请书**（申请撤销劳动争议仲裁裁决用）

申请书

申请人：×××，住所地……。

法定代表人/主要负责人：×××，……，联系方式：……。

委托诉讼代理人：×××，……。

被申请人：×××，……。

……

（以上写明当事人和其他诉讼参加人的姓名或者名称等基本信息）

请求事项：

撤销××××劳动争议仲裁委员会（××××）……号裁决。

事实和理由：

××××年××月××日，××××劳动争议仲裁委员会作出……号裁决：……（写明裁决结果）。

……（写明申请撤销裁决的事实和理由）。

此致

××××人民法院

附：××××劳动争议仲裁委员会……号裁决书

申请人（签名或者盖章）

××××年××月××日

【说　明】

1. 本样式根据《中华人民共和国劳动争议调解仲裁法》第四十九条制定，供用人单位自收到劳动争议仲裁裁决书之日起三十日内，向劳动人事争议仲裁委员会所在地的中级人民法院申请撤销裁决用。

2. 申请人为用人单位，被申请人为劳动者。

3. 用人单位可以申请撤销的劳动争议仲裁裁决事项包括：（一）追索劳动报酬、工伤医疗费、经济补偿或者赔偿金，不超过当地月最低工资标准十二个月金额的争议；（二）因执行国家的劳动标准在工作时间、休息休假、社会保险等方面发生的争议。

4. 用人单位可以申请撤销的劳动争议仲裁裁决的情形：（一）适用法律、法规确有错误的；（二）劳动争议仲裁委员会无管辖权的；（三）违反法定程序的；（四）裁决所根据的证据是伪造的；（五）对方当事人隐瞒了足以影响公正裁决的证据的；（六）仲裁员在仲裁该案时有索贿受贿、徇私舞弊、枉法裁决行为的。

【法律依据】

《中华人民共和国劳动争议调解仲裁法》（2007 年 12 月 29 日）

第四十九条　用人单位有证据证明本法第四十七条规定的仲裁裁决有下列情形之一，可以自收到仲裁裁决书之日起三十日内向劳动争议仲裁委员会所在地的中级人民法院申请撤销裁决：

（一）适用法律、法规确有错误的；

（二）劳动争议仲裁委员会无管辖权的；

（三）违反法定程序的；

（四）裁决所根据的证据是伪造的；

（五）对方当事人隐瞒了足以影响公正裁决的证据的；

（六）仲裁员在仲裁该案时有索贿受贿、徇私舞弊、枉法裁决行为的。

人民法院经组成合议庭审查核实裁决有前款规定情形之一的，应当裁定撤销。

仲裁裁决被人民法院裁定撤销的，当事人可以自收到裁定书之日起十五日内就该劳动争议事项向人民法院提起诉讼。

（十）人身安全保护令案件

24. **申请书**（申请人身安全保护令用）

申请书

申请人：×××，男/女，××××年××月××日出生，×族，……（写明工作单位和职务或者职业），住……。联系方式：……。

法定代理人/指定代理人：×××，……。

委托诉讼代理人：×××，……。

被申请人：×××，……。

……

（以上写明当事人和其他诉讼参加人的姓名或者名称等基本信息）

请求事项：

……（写明保护申请人人身安全的措施）。

事实和理由：

……（写明有遭受家庭暴力或者面临家庭暴力现实危险的情形以及其他事实和理由）。

此致

××××人民法院

申请人（签名或者盖章）

××××年××月××日

【说　明】

1. 本样式根据《中华人民共和国反家庭暴力法》第二十三条、第二十四条、第二十五条、第二十七条制定，供当事人或者其近亲属、相关单位向申请人或者被申请人居住地、家庭暴力发生地的基层人民法院申请人身安全保护令用。

2. 当事人因遭受家庭暴力或者面临家庭暴力的现实危险，可以向人民法院申请人身安全保护令。当事人是无民事行为能力人、限制民事行为能力人，或者因受到强制、威吓等原因无法申请人身安全保护令的，其近亲属、公安机关、妇女联合会、居民委员会、村民委员会、救助管理机构可以代为申请。

3. 申请人身安全保护令应当以书面方式提出；书面申请确有困难的，可以口头申请，由人民法院记入笔录。

4. 本申请书的请求事项可以写明以下人身安全保护令措施：（一）禁止被申请人实施家庭暴力；（二）禁止被申请人骚扰、跟踪、接触申请人和其相关近亲属；（三）责令被申请人迁出申请人住所；（四）保护申请人人身安全的其他措施。

【法律依据】

《中华人民共和国反家庭暴力法》（2015 年 12 月 27 日）

第二十三条　当事人因遭受家庭暴力或者面临家庭暴力的现实危险，向人民法院申请人身安全保护令的，人民法院应当受理。

当事人是无民事行为能力人、限制民事行为能力人，或者因受到强制、威吓等原因无法申请人身安全保护令的，其近亲属、公安机关、妇女联合会、居民委员会、村民委员会、救助管理机构可以代为申请。

第二十四条　申请人身安全保护令应当以书面方式提出；书面申请确有困难的，可以口头申请，由人民法院记入笔录。

第二十五条　人身安全保护令案件由申请人或者被申请人居住地、家庭暴力发生地的基层人民法院管辖。

第二十七条　作出人身安全保护令，应当具备下列条件：

（一）有明确的被申请人；

（二）有具体的请求；

（三）有遭受家庭暴力或者面临家庭暴力现实危险的情形。

25. **复议申请书**（申请人对驳回人身安全保护令申请复议用）

复议申请书

复议申请人：×××，男/女，××××年××月××日出生，×族，……（写明工作单位和职务或者职业），住……。联系方式：……。

法定代理人/指定代理人：×××，……。

委托诉讼代理人：×××，……。

被申请人：×××，……。

……

（以上写明当事人和其他诉讼参加人的姓名或者名称等基本信息）

请求事项：

1. 撤销你院（××××）……民保令……号驳回申请民事裁定；

2. ……（写明保护申请人人身安全的措施）。

事实和理由：

复议申请人×××与被申请人×××申请人身安全保护令一案，不服你院××××年××月××日作出（××××）……民保令……号驳回申请裁定，申请复议。

……（写明申请复议的事实和理由）。

此致

××××人民法院

附：××××人民法院（××××）……民保令……号民事裁定书

复议申请人（签名或者盖章）

××××年××月××日

【说　明】

1. 本样式根据《中华人民共和国反家庭暴力法》第三十一条制定，供对驳回人身安全保护令申请的裁定不服的申请人，向作出裁定的人民法院申请复议用。

2. 申请人对驳回人身安全保护令申请不服的，可以自裁定生效之日起五日内向作出裁定的人民法院申请复议一次。

3. 本申请书的请求事项应当写明撤销驳回申请的原裁定，并写明申请采取以下人身安全保护令措施：（一）禁止被申请人实施家庭暴力；（二）禁止被申请人骚扰、跟踪、接触申请人和其相关近亲属；（三）责令被申请人迁出申请人住所；（四）保护申请人人身安全的其他措施。

【法律依据】

《中华人民共和国反家庭暴力法》（2015 年 12 月 27 日）

第三十一条　申请人对驳回申请不服或者被申请人对人身安全保护令不服的，可以自裁定生效之日起五日内向作出裁定的人民法院申请复议一次。人民法院依法作出人身安全保护令的，复议期间不停止人身安全保护令的执行。

26. **复议申请书**（被申请人对作出人身安全保护令申请复议用）

复议申请书

复议申请人：×××，男/女，××××年××月××日出生，×族，……（写明工作单位和职务或者职业），住……。联系方式：……。

法定代理人/指定代理人：×××，……。

委托诉讼代理人：×××，……。

被申请人：×××，……。

……

（以上写明当事人和其他诉讼参加人的姓名或者名称等基本信息）

请求事项：

撤销你院（××××）……民保令……号人身安全保护令民事裁定。

事实和理由：

复议申请人×××因与×××申请人身安全保护令一案，不服你院于××××年××月××日作出（××××）……民保令……号人身安全保护令裁定：……（写明裁定结果）。申请复议。

……（写明申请复议的事实和理由）。

此致

××××人民法院

附：××××人民法院（××××）……民保令……号民事裁定书

复议申请人（签名或者盖章）

××××年××月××日

【说　明】

1. 本样式根据《中华人民共和国反家庭暴力法》第三十一条制定，供对作出人身安全保护令裁定不服的被申请人，向作出裁定的人民法院申请复议用。

2. 被申请人对人身安全保护令不服的，可以自裁定生效之日起五日内向作出裁定的人民法院申请复议一次。人民法院依法作出人身安全保护令的，复议期间不停止人身安全保护令的执行。

【法律依据】

《中华人民共和国反家庭暴力法》（2015年12月27日）

第三十一条　申请人对驳回申请不服或者被申请人对人身安全保护令不服的，可以自裁定生效之日起五日内向作出裁定的人民法院申请复议一次。人民法院依法作出人身安全保护令的，复议期间不停止人身安全保护令的执行。

27. 申请书（申请撤销/变更/延长人身安全保护令用）

申请书

申请人：×××，男/女，××××年××月××日出生，×族，……（写明工作单位和职务或者职业），住……。联系方式：……。

法定代理人/指定代理人：×××，……。

委托诉讼代理人：×××，……。

被申请人：×××，……。

……

（以上写明当事人和其他诉讼参加人的姓名或者名称等基本信息）

请求事项：

（请求撤销的，写明：）

撤销你院（××××）……民保令……号人身安全保护令民事裁定。

（请求变更的，写明：）

1. 撤销你院（××××）……民保令……号人身安全保护令民事裁定第×项；

2. ……（写明变更的人身安全保护令的措施）。

（请求延长的，写明延长人身安全保护令的措施和期限：）

延长……×个月。

事实和理由：

申请人×××与被申请人×××申请人身安全保护令一案，你院于××××年××月××日作出（××××）……民保令……号人身安全保护令裁定：……（写明裁定结果）。

……（写明申请人主张撤销/变更/延长的事实和理由）。

此致

××××人民法院

附：××××人民法院（××××）……民保令……号民事裁定书

申请人（签名或者盖章）

××××年××月××日

【说　明】

1. 本样式根据《中华人民共和国反家庭暴力法》第三十条制定，供申请人在人身安全保护令失效前，向作出人身安全保护令裁定的人民法院申请撤销、变更或者延长用。

2. 人身安全保护令的有效期不超过六个月，自作出之日起生效。人身安全保护令失效前，申请人可以申请撤销、变更或者延长。

【法律依据】

《中华人民共和国反家庭暴力法》（2015 年 12 月 27 日）

第三十条　人身安全保护令的有效期不超过六个月，自作出之日起生效。人身安全保护令失效前，人民法院可以根据申请人的申请撤销、变更或者延长。

（十一）其　他

28. **申请书**（撤回特别程序申请用）

申请书

申请人：×××，男/女，××××年××月××日出生，×族，……（写明工作单位和职务或者职业），住……。联系方式：……。

法定代理人/指定代理人：×××，……。

委托诉讼代理人：×××，……。

（以上写明申请人和其他诉讼参加人的姓名或者名称等基本信息）

请求事项：

撤回……的申请。

事实和理由：

关于……（写明当事人和案由）一案，××××年××月××日你院已立案。

……（写明撤回申请的理由）。

此致

××××人民法院

申请人（签名或者盖章）

××××年××月××日

【说　明】

1. 本样式根据《中华人民共和国民事诉讼法》第十三条第二款制定，供申请人撤回特别程序申请用。

2. 本样式适用于各种特别程序案由。

【法律依据】

《中华人民共和国民事诉讼法》（2023 年 9 月 1 日）

第十三条第二款　当事人有权在法律规定的范围内处分自己的民事权利和诉讼权利。

十八、审判监督程序

1. 民事再审申请书（申请再审用）

再审申请书

再审申请人（一、二审诉讼地位）：×××，男/女，××××年××月××日出生，×族，……（写明工作单位和职务或者职业），住……。联系方式：……。

法定代理人/指定代理人：×××，……。

委托诉讼代理人：×××，……。

被申请人（一、二审诉讼地位）：×××，……。

……

原审原告/被告/第三人（一审诉讼地位）：×××，……。

……

（以上写明当事人和其他诉讼参加人的姓名或者名称等基本信息）

再审申请人×××因与×××……（写明案由）一案，不服××××人民法院（写明原审人民法院的名称）××××年××月××日作出的（××××）……号民事判决/民事裁定/民事调解书，现提出再审申请。

再审请求：

……

事实和理由：

……（写明申请再审的法定情形及事实和理由）。

此致

××××人民法院

附：本民事再审申请书副本×份

再审申请人（签名或者盖章）

××××年××月××日

【说　明】

1. 本样式根据《中华人民共和国民事诉讼法》**第二百一十条、第二百一十二条、第二百一十四条**以及《最高人民法院关于适用〈中华人民共和国民事诉讼法〉的解释》**第三百七十五条、第三百七十六条**制定，供当事人对已经生效的民事判决、裁定或者调解书向人民法院申请再审用。

2. 当事人是法人或者其他组织的，写明名称住所。另起一行写明法定代表人、主要负责人及其姓名、职务、联系方式。

3. 当事人对已经发生法律效力的判决、裁定，认为有错误的，可以向上一级人民法院申请再审；当事人一方人数众多或者当事人双方为公民的案件，也可以向原审人民法院申请再审。当事人申请再审的，不停止判决、裁定的执行。

4. 当事人对已经发生法律效力的调解书，提出证据证明调解违反自愿原则或者调解协议的内容违反法律的，可以申请再审。

5. 再审申请书应当记明下列事项：（一）再审申请人与被申请人和原审其他当事人的姓名或者名称等基本信息；（二）原审人民法院的名称，原审裁判文书案号；（三）具体的再审请求；（四）申请再审的法定情形及具体事实、理由。再审申请书应当明确申请再审的人民法院，并由再审申请人签名、捺印或者盖章。

6. 当事人申请再审，应当提交下列材料：（一）再审申请书，并按照被申请人和原审其他当事人的人数提交副本；（二）再审申请人是自然人的，应当提交身份证明；再审申请人是法人或者其他组织的，应当提交营业执照、组织机构代码证书、法定代表人或者主要负责人身份证明书。委托他人代为申请的，应当提交授权委托书和代理人身份证明；（三）原审判决书、裁定书、调解书；（四）反映案件基本事实的主要证据及其他材料。

7. 有新证据的，应当在事实和理由之后写明证据和证据来源，证人姓名和住所。

【法律依据】

1. **《中华人民共和国民事诉讼法》**（2023 年 9 月 1 日）

第二百一十条　当事人对已经发生法律效力的判决、裁定，认为有错误的，可以向上一级人民法院申请再审；当事人一方人数众多或者当事人双方为公民的案件，也可以向原审人民法院申请再审。当事人申请再审的，不停止判决、裁定的执行。

第二百一十二条 当事人对已经发生法律效力的调解书，提出证据证明调解违反自愿原则或者调解协议的内容违反法律的，可以申请再审。经人民法院审查属实的，应当再审。

第二百一十四条 当事人申请再审的，应当提交再审申请书等材料。人民法院应当自收到再审申请书之日起五日内将再审申请书副本发送对方当事人。对方当事人应当自收到再审申请书副本之日起十五日内提交书面意见；不提交书面意见的，不影响人民法院审查。人民法院可以要求申请人和对方当事人补充有关材料，询问有关事项。

2.《最高人民法院关于适用〈中华人民共和国民事诉讼法〉的解释》（2022年4月1日）

第三百七十五条 当事人申请再审，应当提交下列材料：

（一）再审申请书，并按照被申请人和原审其他当事人的人数提交副本；

（二）再审申请人是自然人的，应当提交身份证明；再审申请人是法人或者其他组织的，应当提交营业执照、组织机构代码证书、法定代表人或者主要负责人身份证明书。委托他人代为申请的，应当提交授权委托书和代理人身份证明；

（三）原审判决书、裁定书、调解书；

（四）反映案件基本事实的主要证据及其他材料。

前款第二项、第三项、第四项规定的材料可以是与原件核对无异的复印件。

第三百七十六条 再审申请书应当记明下列事项：

（一）再审申请人与被申请人及原审其他当事人的基本信息；

（二）原审人民法院的名称，原审裁判文书案号；

（三）具体的再审请求；

（四）申请再审的法定情形及具体事实、理由。

再审申请书应当明确申请再审的人民法院，并由再审申请人签名、捺印或者盖章。

十九、督促程序

1. **申请书**（申请支付令用）

申请书

申请人：×××，男/女，××××年××月××日出生，×族，……（写明工作单位和职务或者职业），住……。联系方式：……。

法定代理人/指定代理人：×××，……。

委托诉讼代理人：×××，……。

被申请人：×××，……。

……

（以上写明当事人和其他诉讼参加人的姓名或者名称等基本信息）

请求事项：

向被申请人×××发出支付令，督促被申请人×××给付申请人×××……（写明请求给付的金钱或者有价证券的名称和数量）。

事实和理由：

……（写明债权债务关系发生的事实、证据）。

此致

××××人民法院

申请人（签名或者公章）

××××年××月××日

【说　明】

1. 本样式根据《中华人民共和国民事诉讼法》**第二百二十五条**制定，供债权人向人民法院申请支付令用。

2. 当事人是法人或者其他组织的，写明名称住所。另起一行写明法定代表人、主要负责人及其姓名、职务、联系方式。

3. 债权人请求债务人给付金钱、有价证券，符合下列条件的，可以向有管辖权的基层人民法院申请支付令：（一）债权人与债务人没有其他债务纠纷的；（二）支付令能够送达债务人的。

【法律依据】

《中华人民共和国民事诉讼法》（2023年9月1日）

第二百二十五条　债权人请求债务人给付金钱、有价证券，符合下列条件的，可以向有管辖权的基层人民法院申请支付令：

（一）债权人与债务人没有其他债务纠纷的；

（二）支付令能够送达债务人的。

申请书应当写明请求给付金钱或者有价证券的数量和所根据的事实、证据。

2. **申请书**（撤回支付令申请用）

申请书

申请人：×××，男/女，××××年××月××日出生，×族，……（写明工作单位和职务或者职业），住……。联系方式：……。

法定代理人/指定代理人：×××，……。

委托诉讼代理人：×××，……。

被申请人：×××，……。

……

（以上写明当事人和其他诉讼参加人的姓名或者名称等基本信息）

请求事项：

撤回向被申请人×××发出给付申请人×××……（写明请求给付的金钱或者有价证券的名称和数量）的支付令申请。

事实和理由：

……（写明撤回申请支付令的事实和理由）。

此致

××××人民法院

申请人（签名或者公章）

××××年××月××日

【说　明】

1. 本样式根据《最高人民法院关于适用〈中华人民共和国民事诉讼法〉的解释》**第四百三十条**制定，供债权人向人民法院撤回支付令申请用。

2. 当事人是法人或者其他组织的，写明名称住所。另起一行写明法定代表人、主要负责人及其姓名、职务、联系方式。

3. 债权人撤回支付令申请的，人民法院应当裁定终结督促程序。

【法律依据】

《最高人民法院关于适用〈中华人民共和国民事诉讼法〉的解释》（2022年4月1日）

第四百三十条　有下列情形之一的，人民法院应当裁定终结督促程序，已发出支付令的，支付令自行失效：

（一）人民法院受理支付令申请后，债权人就同一债权债务关系又提起诉讼的；

（二）人民法院发出支付令之日起三十日内无法送达债务人的；

（三）债务人收到支付令前，债权人撤回申请的。

3. **异议书**（对支付令提出异议用）

异议书

异议人（被申请人）：×××，男/女，××××年××月××日出生，×族，……（写明工作单位和职务或者职业），住……。联系方式：……。

法定代理人/指定代理人：×××，……。

委托诉讼代理人：×××，……。

（以上写明异议人和其他诉讼参加人的姓名或者名称等基本信息）

请求事项：

裁定终结督促程序。

事实和理由：

异议人于××××年××月××日收到你院于××××年××月××日根据×××申请发出的（××××）……民督……号支付令：……（写明支付令内容）。

……（写明终结督促程序的理由）。

此致

××××人民法院

异议人（签名或者公章）

××××年××月××日

【说　明】

1. 本样式根据《中华人民共和国民事诉讼法》**第二百二十七条第二款**制定，供债务人收到支付令之日起十五日内，向人民法院提出书面异议用。

2. 异议人是法人或者其他组织的，写明名称住所。另起一行写明法定代表人、主要负责人及其姓名、职务、联系方式。

【法律依据】

《中华人民共和国民事诉讼法》（2023 年 9 月 1 日）

第二百二十七条第二款　债务人应当自收到支付令之日起十五日内清偿债务，或者向人民法院提出书面异议。

4. **申请书**（撤回支付令异议用）

申请书

申请人：×××，男/女，××××年××月××日出生，×族，……（写明工作单位和职务或者职业），住……。联系方式：……。

法定代理人/指定代理人：×××，……。

委托诉讼代理人：×××，……。

（以上写明申请人和其他诉讼参加人的姓名或者名称等基本信息）

请求事项：

撤回对支付令的异议。

我方于××××年××月××日对你院发出的（××××）×××××民督……号支付令提出书面异议，现申请撤回。

……（写明申请撤回支付令异议的理由）。

此致

××××人民法院

申请人（签名或者公章）

××××年××月××日

【说　明】

1. 本样式根据《最高人民法院关于适用〈中华人民共和国民事诉讼法〉的解释》**第四百三十七条第一款**制定，供债务人在向基层人民法院提出支付令异议后，申请撤回支付令异议用。

2. 申请人是法人或者其他组织的，写明名称住所。另起一行写明法定代表人、主要负责人及其姓名、职务、联系方式。

3. 人民法院作出终结督促程序或者驳回异议裁定前，债务人请求撤回异议的，应当裁定准许。债务人对撤回异议反悔的，人民法院不予支持。

【法律依据】

《最高人民法院关于适用〈中华人民共和国民事诉讼法〉的解释》（2022年4月1日）

第四百三十七条第一款　人民法院作出终结督促程序或者驳回异议裁定前，债务人请求撤回异议的，应当裁定准许。

二十、公示催告程序

1. **申请书**（申请公示催告用）

申请书

申请人：×××，男/女，××××年××月××日出生，×族，……（写明工作单位和职务或者职业），住……。联系方式：……。

法定代理人/指定代理人：×××，……。

委托诉讼代理人：×××，……。

（以上写明申请人和其他诉讼参加人的姓名或者名称等基本信息）

请求事项：

1. 对……票据进行公示催告（写明票面金额、发票人、持票人、背书人等票据主要内容）；

2. 受理后立即通知票据支付人停止支付；

3. 在公告期满后，无人申报权利的，或者申报被驳回的，人民法院作出除权判决，宣告已丧失的票据不再具有法律效力。

事实和理由：

……（写明申请公示催告的事实和理由）。

此致

××××人民法院

申请人（签名或者公章）

××××年××月××日

【说　明】

1. 本样式根据《中华人民共和国民事诉讼法》**第二百二十九条**制定，供按照规定可以背书转让的票据持有人，因票据被盗、遗失或者灭失，向票据支付地的基层人民法院申请公示催告用。

2. 申请人是法人或者其他组织的，写明名称住所。另起一行写明法定代表人、主要负责人及其姓名、职务、联系方式。

3. 申请书应当写明票面金额、发票人、持票人、背书人等票据主要内容和申请的理由、事实。

4. 其他可以申请公示催告的权利凭证的，申请书应当写明权利凭证的种类、号码、权利范围、权利人、义务人、行权日期等事项。

【法律依据】

《中华人民共和国民事诉讼法》（2023 年 9 月 1 日）

第二百二十九条　按照规定可以背书转让的票据持有人，因票据被盗、遗失或者灭失，可以向票据支付地的基层人民法院申请公示催告。依照法律规定可以申请公示催告的其他事项，适用本章规定。

申请人应当向人民法院递交申请书，写明票面金额、发票人、持票人、背书人等票据主要内容和申请的理由、事实。

2. **申请书**（撤回公示催告申请用）

申请书

申请人：×××，男/女，××××年××月××日出生，×族，……（写明工作单位和职务或者职业），住……。联系方式：……。

法定代理人/指定代理人：×××，……。

委托诉讼代理人：×××，……。

（以上写明申请人和其他诉讼参加人的姓名或者名称等基本信息）

请求事项：

请求撤回对……票据（写明票面金额、发票人、持票人、背书人等票据主要内容）公示催告申请。

事实和理由：

申请人××××年××月××日向××××人民法院提交了公示催告申请，请求：……（写明请求事项）。你院××××年××月××日以（××××）……民催……号立案。

……（写明撤回申请的原因）。

此致

××××人民法院

申请人（签名或者公章）

××××年××月××日

【说　明】

1. 本样式根据《最高人民法院关于适用〈中华人民共和国民事诉讼法〉的解释》**第四百五十三条**制定，供公示催告申请人在公示催告前，撤回申请用。

2. 申请人是法人或者其他组织的，写明名称住所。另起一行写明法定代表人、主要负责人及其姓名、职务、联系方式。

3. 公示催告申请人撤回申请，应在公示催告前提出；公示催告期间撤回的，人民法院可以径行裁定终结公示催告程序。

【法律依据】

《最高人民法院关于适用〈中华人民共和国民事诉讼法〉的解释》（2022年4月1日）

第四百五十三条　公示催告申请人撤回申请，应在公示催告前提出；公示催告期间申请撤回的，人民法院可以径行裁定终结公示催告程序。

3. **申报书**（利害关系人申报权利用）

申报书

申报人：×××，男/女，××××年××月××日出生，×族，……（写明工作单位和职务或者职业），住……。联系方式：……。

法定代理人/指定代理人：×××，……。

委托诉讼代理人：×××，……。

（以上写明申报人和其他诉讼参加人的姓名或者名称等基本信息）

请求事项：

裁定终结（××××）……民催……号公示催告程序。

事实和理由：

刊登在……（写明《人民法院报》和中国法院网或其他报纸媒体的名称）上的公告载明：……（写明公告内容）。

申报人系公告所载票据的合法权利人。……（写明理由）。

此致

××××人民法院

附：……票据

申报人（签名或者公章）

××××年××月××日

【说　明】

1. 本样式根据《中华人民共和国民事诉讼法》**第二百三十二条**以及《最高人民法院关于适用〈中华人民共和国民事诉讼法〉的解释》**第四百四十八条**制定，供利害关系人在公示催告期间或者申报期届满后判决作出之前，向人民法院申报权利用。

2. 申报人是法人或者其他组织的，写明名称住所。另起一行写明法定代表人、主要负责人及其姓名、职务、联系方式。

3. 申报人应当向法院出示票据。

【法律依据】

1. **《中华人民共和国民事诉讼法》**（2023 年 9 月 1 日）

第二百三十二条　利害关系人应当在公示催告期间向人民法院申报。

人民法院收到利害关系人的申报后，应当裁定终结公示催告程序，并通知申请人和支付人。

申请人或者申报人可以向人民法院起诉。

2. **《最高人民法院关于适用〈中华人民共和国民事诉讼法〉的解释》**（2022 年 4 月 1 日）

第四百四十八条　在申报期届满后、判决作出之前，利害关系人申报权利的，应当适用民事诉讼法第二百二十一条第二款、第三款规定处理。

二十一、执行程序

1. 申请书（申请执行用）

申请执行书

申请执行人：×××，男/女，××××年××月××日出生，×族，……（写明工作单位和职务或者职业），住……。联系方式：……。

法定代理人/指定代理人：×××，……。

委托诉讼代理人：×××，……。

被执行人：×××，……。

……

（以上写明申请执行人、被执行人和其他诉讼参加人的姓名或者名称等基本信息）

申请执行人×××与被执行人×××……（写明案由）一案，××××人民法院（或其他生效法律文书的作出机关）（××××）……号民事判决（或其他生效法律文书）已发生法律效力。被执行人×××未履行/未全部履行生效法律文书确定的给付义务，特向你院申请强制执行。

请求事项

……（写明请求执行的内容）。

此致

××××人民法院

附：生效法律文书×份

申请执行人（签名或盖章）

××××年××月××日

【说　明】

1. 本文书样式根据《中华人民共和国民事诉讼法》**第二百四十七条、第二百四十八条第一款、第二百四十九条第一款**，《最高人民法院关于人民法院执行工作若干问题的规定（试行）》**第16条、第17条、第18条、第19条、第20条、第21条**规定制定，供申请执行人向人民法院申请执行时用。

2. 当事人是法人或者其他组织的，写明名称住所。另起一行写明法定代表人、主要负责人及其姓名、职务、联系方式。

3. 申请执行人向人民法院申请强制执行的内容，必须为生效法律文书确定的给付义务。

【法律依据】

1. **《中华人民共和国民事诉讼法》**（2023年9月1日）

第二百四十七条　发生法律效力的民事判决、裁定，当事人必须履行。一方拒绝履行的，对方当事人可以向人民法院申请执行，也可以由审判员移送执行员执行。

调解书和其他应当由人民法院执行的法律文书，当事人必须履行。一方拒绝履行的，对方当事人可以向人民法院申请执行。

第二百四十八条第一款　对依法设立的仲裁机构的裁决，一方当事人不履行的，对方当事人可以向有管辖权的人民法院申请执行。受申请的人民法院应当执行。

第二百四十九条第一款　对公证机关依法赋予强制执行效力的债权文书，一方当事人不履行的，对方当事人可以向有管辖权的人民法院申请执行，受申请的人民法院应当执行。

2. **《最高人民法院关于人民法院执行工作若干问题的规定（试行）》**（2020年12月29日）

16. 人民法院受理执行案件应当符合下列条件：

（1）申请或移送执行的法律文书已经生效；

（2）申请执行人是生效法律文书确定的权利人或其继承人、权利承受人；

（3）申请执行的法律文书有给付内容，且执行标的和被执行人明确；

（4）义务人在生效法律文书确定的期限内未履行义务；

（5）属于受申请执行的人民法院管辖。

人民法院对符合上述条件的申请，应当在七日内予以立案；不符合上述条件之一的，应当在七日内裁定不予受理。

17. 生效法律文书的执行，一般应当由当事人依法提出申请。

发生法律效力的具有给付赡养费、扶养费、抚育费内容的法律文书、民事制裁决定书，以及刑事附带民事判决、裁定、调解书，由审判庭移送执行机构执行。

18. 申请执行，应向人民法院提交下列文件和证件：

（1）申请执行书。申请执行书中应当写明申请执行的理由、事项、执行标的，以及申请执行人所了解的被执行人的财产状况。

申请执行人书写申请执行书确有困难的，可以口头提出申请。人民法院接待人员对口头申请应当制作笔录，由申请执行人签字或盖章。

外国一方当事人申请执行的，应当提交中文申请执行书。当事人所在国与我国缔结或共同参加的司法协助条约有特别规定的，按照条约规定办理。

（2）生效法律文书副本。

（3）申请执行人的身份证明。自然人申请的，应当出示居民身份证；法人申请的，应当提交法人营业执照副本和法定代表人身份证明；非法人组织申请的，应当提交营业执照副本和主要负责人身份证明。

（4）继承人或权利承受人申请执行的，应当提交继承或承受权利的证明文件。

（5）其他应当提交的文件或证件。

19. 申请执行仲裁机构的仲裁裁决，应当向人民法院提交有仲裁条款的合同书或仲裁协议书。

申请执行国外仲裁机构的仲裁裁决的，应当提交经我国驻外使领馆认证或我国公证机关公证的仲裁裁决书中文本。

20. 申请执行人可以委托代理人代为申请执行。委托代理的，应当向人民法院提交经委托人签字或盖章的授权委托书，写明代理人的姓名或者名称、代理事项、权限和期限。

委托代理人代为放弃、变更民事权利，或代为进行执行和解，或代为收取执行款项的，应当有委托人的特别授权。

21. 执行申请费的收取按照《诉讼费用交纳办法》办理。

2. **被执行人财产状况表**（申请执行人提供被执行人财产状况用）

被执行人财产状况表

<table>
<tr><td rowspan="2">申请执行人</td><td>姓名或名称</td><td></td></tr>
<tr><td>地址及电话</td><td></td></tr>
<tr><td rowspan="2">被执行人</td><td>姓名或名称</td><td></td></tr>
<tr><td>地址及电话</td><td></td></tr>
<tr><td colspan="3">内容包括：
银行开户、户名、账号和存款金额；动产、不动产（如房产、车辆、电器、首饰等）；到期债权、可得利益（如以他人名义购置的不动产、股票、知识产权等收益）；分支机构或所属公司的资产情况；其他财产情况（如保全财产的状况、期限等）。</td></tr>
<tr><td colspan="3">提供可执行财产的线索，以及需要法院核实的情况：</td></tr>
<tr><td colspan="3">申请执行人（签名或者盖章）
××××年××月××日</td></tr>
<tr><td>备　　注</td><td colspan="2"></td></tr>
</table>

【说　明】

本样式根据《最高人民法院关于民事执行中财产调查若干问题的规定》第一条[①]规定制定，供申请执行人提供被执行人财产状况或线索时用。

【法律依据】

《最高人民法院关于民事执行中财产调查若干问题的规定》（2020年12月29日）

第一条　执行过程中，申请执行人应当提供被执行人的财产线索；被执行人应当如实报告财产；人民法院应当通过网络执行查控系统进行调查，根据案件需要应当通过其他方式进行调查的，同时采取其他调查方式。

① 《最高人民法院关于人民法院执行工作若干问题的规定（试行）》第28条已被《最高人民法院关于修改〈最高人民法院关于人民法院扣押铁路运输货物若干问题的规定〉等十八件执行类司法解释的决定》删除。该条文已被《最高人民法院关于民事执行中财产调查若干问题的规定》（2020年）第一条代替。

3. **执行异议书**（当事人、利害关系人提出异议用）

执行异议书

异议人（申请执行人/被执行人/利害关系人）：×××，男/女，××××年××月××日出生，×族，……（写明工作单位和职务或者职业），住……。联系方式：……。

法定代理人/指定代理人：×××，……。

委托诉讼代理人：×××，……。

（以上写明异议人和其他诉讼参加人的姓名或者名称等基本信息）

申请执行人×××与被执行人×××……（写明案由）一案，××××人民法院（或其他生效法律文书的作出机关）（××××）……号民事判决（或其他生效法律文书）已发生法律效力。××××人民法院在执行本案过程中，异议人对××××人民法院……（写明执行行为）不服，提出异议。

请求事项：

……

事实和理由：

……

此致

××××人民法院

附：1. 异议人或者复议申请人的身份证明

2. 相关证据材料

3. 送达地址和联系方式

异议人（签名或盖章）

××××年××月××日

【说　明】

1. 本文书样式根据《中华人民共和国民事诉讼法》**第二百三十六条**规定制定，供异议人向人民法院提出异议时用。

2. 当事人是法人或者其他组织的，写明名称住所。另起一行写明法定代表人、主要负责人及其姓名、职务、联系方式。

3. 当事人、利害关系人认为执行行为违反法律规定的，可以向负责执行的人民法院提出书面异议。当事人、利害关系人提出书面异议的，人民法院应当自收到书面异议之日起十五日内审查，理由成立的，裁定撤销或者改正；理由不成立的，裁定驳回。当事人、利害关系人对裁定不服的，可以自裁定送达之日起十日内向上一级人民法院申请复议。

【法律依据】

《中华人民共和国民事诉讼法》（2023年9月1日）

第二百三十六条　当事人、利害关系人认为执行行为违反法律规定的，可以向负责执行的人民法院提出书面异议。当事人、利害关系人提出书面异议的，人民法院应当自收到书面异议之日起十五日内审查，理由成立的，裁定撤销或者改正；理由不成立的，裁定驳回。当事人、利害关系人对裁定不服的，可以自裁定送达之日起十日内向上一级人民法院申请复议。

4. **复议申请书**（当事人、利害关系人申请复议用）

复议申请书

复议申请人（申请执行人/被执行人/利害关系人）：×××，男/女，××××年××月××日出生，×族，……（写明工作单位和职务或者职业），住……。联系方式：……。

法定代理人/指定代理人：×××，……。

委托诉讼代理人：×××，……。

（以上写明复议申请人和其他诉讼参加人的姓名或者名称等基本信息）

申请执行人×××与被执行人×××……（写明案由）一案，复议申请人不服××××人民法院（××××）……执异……号执行裁定，申请复议。

请求事项：

……

事实和理由：

……

此致

××××人民法院

附：1. 异议人或者复议申请人的身份证明

2. 相关证据材料

3. 送达地址和联系方式

复议申请人（签名或盖章）

××××年××月××日

【说　明】

1. 本文书样式根据《中华人民共和国民事诉讼法》**第二百三十六条**规定制定，供复议申请人向人民法院申请复议时用。

2. 当事人是法人或者其他组织的，写明名称住所。另起一行写明法定代表人、主要负责人及其姓名、职务、联系方式。

3. 当事人、利害关系人认为执行行为违反法律规定的，可以向负责执行的人民法院提出书面异议。当事人、利害关系人提出书面异议的，人民法院应当自收到书面异议之日起十五日内审查，理由成立的，裁定撤销或者改正；理由不成立的，裁定驳回。当事人、利害关系人对裁定不服的，可以自裁定送达之日起十日内向上一级人民法院申请复议。

【法律依据】

《中华人民共和国民事诉讼法》（2023年9月1日）

第二百三十六条　当事人、利害关系人认为执行行为违反法律规定的，可以向负责执行的人民法院提出书面异议。当事人、利害关系人提出书面异议的，人民法院应当自收到书面异议之日起十五日内审查，理由成立的，裁定撤销或者改正；理由不成立的，裁定驳回。当事人、利害关系人对裁定不服的，可以自裁定送达之日起十日内向上一级人民法院申请复议。

5. **申请书**（申请提级执行用）

提级执行申请书

申请执行人：×××，男/女，××××年××月××日出生，×族，……（写明工作单位和职务或者职业），住……。联系方式：……。

法定代理人/指定代理人：×××，……。

委托诉讼代理人：×××，……。

被执行人：×××，……。

……

（以上写明申请执行人、被执行人和其他诉讼参加人的姓名或者名称等基本信息）

请求事项：

请求依法对××××人民法院执行的（××××）……执……号案件提级执行。

事实和理由：

申请执行人×××与被执行人×××……（写明案由）一案，××××人民法院（或其他生效法律文书的作出机关）（××××）……号民事判决（或其他生效法律文书）已发生法律效力。

……（写明申请提级执行的事实和理由）。

此致

××××人民法院

附：生效法律文书复印件×份

申请人（签名或盖章）

××××年××月××日

【说　明】

1. 本样式根据《中华人民共和国民事诉讼法》**第二百三十七条**规定制定，供申请执行人向人民法院申请提级时用。

2. 当事人是法人或者其他组织的，写明名称住所。另起一行写明法定代表人、主要负责人及其姓名、职务、联系方式。

3. 人民法院自收到申请执行书之日起超过六个月未执行的，申请执行人可以向上一级人民法院申请执行。

【法律依据】

《中华人民共和国民事诉讼法》（2023 年 9 月 1 日）

第二百三十七条　人民法院自收到申请执行书之日起超过六个月未执行的，申请执行人可以向上一级人民法院申请执行。上一级人民法院经审查，可以责令原人民法院在一定期限内执行，也可以决定由本院执行或者指令其他人民法院执行。

6. **执行异议书**（案外人提出异议用）

执行异议书

异议人（案外人）：×××，男/女，××××年××月××日出生，×族，……（写明工作单位和职务或者职业），住……。联系方式：……。

法定代理人/指定代理人：×××，……。

委托诉讼代理人：×××，……。

（以上写明异议人和其他诉讼参加人的姓名或者名称等基本信息）

申请执行人×××与被执行人×××……（写明案由）一案，××××人民法院（或其他生效法律文书的作出机关）（××××）……号民事判决（或其他生效法律文书）已发生法律效力。异议人对××××人民法院执行……（写明执行标的）不服，提出异议。

请求事项：

……（写明异议请求）。

事实和理由：

……

此致

××××人民法院

附：生效法律文书×份

异议人（签名或盖章）

××××年××月××日

【说　明】

1. 本文书样式根据《中华人民共和国民事诉讼法》**第二百三十六条**规定制定，供案外人向人民法院提出异议时用。

2. 当事人是法人或者其他组织的，写明名称住所。另起一行写明法定代表人、主要负责人及其姓名、职务、联系方式。

3. 执行过程中，案外人对执行标的提出书面异议的，人民法院应当自收到书面异议之日起十五日内审查，理由成立的，裁定中止对该标的的执行；理由不成立的，裁定驳回。案外人、当事人对裁定不服，认为原判决、裁定错误的，依照审判监督程序办理；与原判决、裁定无关的，可以自裁定送达之日起十五日内向人民法院提起诉讼。

【法律依据】

《中华人民共和国民事诉讼法》（2023 年 9 月 1 日）

第二百三十六条　当事人、利害关系人认为执行行为违反法律规定的，可以向负责执行的人民法院提出书面异议。当事人、利害关系人提出书面异议的，人民法院应当自收到书面异议之日起十五日内审查，理由成立的，裁定撤销或者改正；理由不成立的，裁定驳回。当事人、利害关系人对裁定不服的，可以自裁定送达之日起十日内向上一级人民法院申请复议。

7. **执行异议书**（对财产分配方案提出异议用）

执行异议书

异议人（债权人/被执行人）：×××，男/女，××××年××月××日出生，×族，……（写明工作单位和职务或者职业），住……。联系方式：……。

法定代理人/指定代理人：×××，……。

委托诉讼代理人：×××，……。

债权人/被执行人：×××，……。

……

（以上写明异议人和其他诉讼参加人的姓名或者名称等基本信息）

请求事项：

因被执行人×××的财产不能清偿所有债务，××××人民法院于××××年××月××日作出财产分配方案，异议人不服，提出以下异议请求：

……

事实和理由：

……

此致

××××人民法院

附：××××人民法院财产分配方案

异议人（签名或盖章）

××××年××月××日

【说　明】

1. 本样式根据《最高人民法院关于适用〈中华人民共和国民事诉讼法〉执行程序若干问题的解释》**第十七条**、《最高人民法院关于适用〈中华人民共和国民事诉讼法〉的解释》**第五百零九条**规定制定，供参与分配案件中债权人或被执行人不服财产分配方案提出异议时用。

2. 当事人是法人或者其他组织的，写明名称住所。另起一行写明法定代表人、主要负责人及其姓名、职务、联系方式。

3. 债权人或者被执行人对财产分配方案有异议的，应当自收到财产分配方案之日起十五日内向执行法院提出书面异议。

【法律依据】

1. **《最高人民法院关于适用〈中华人民共和国民事诉讼法〉执行程序若干问题的解释》**（2020 年 12 月 29 日）

第十七条　多个债权人对同一被执行人申请执行或者对执行财产申请参与分配的，执行法院应当制作财产分配方案，并送达各债权人和被执行人。债权人或者被执行人对分配方案有异议的，应当自收到分配方案之日起十五日内向执行法院提出书面异议。

2. **《最高人民法院关于适用〈中华人民共和国民事诉讼法〉的解释》**（2022 年 4 月 1 日）

第五百零九条　多个债权人对执行财产申请参与分配的，执行法院应当制作财产分配方案，并送达各债权人和被执行人。债权人或者被执行人对分配方案有异议的，应当自收到分配方案之日起十五日内向执行法院提出书面异议。

8. **保证书**（执行担保用）

执行担保保证书

××××人民法院：

你院在执行……号……（写明当事人及案由）一案中，因……（写明申请暂缓执行的理由），被执行人向你院申请暂缓执行……（写明申请暂缓执行的期限）。本人/本单位自愿提供保证。如被执行人×××在你院决定暂缓执行的期限届满后仍不履行义务，你院可以直接执行本人/本单位的财产。

保证人（签名或者盖章）

××××年××月××日

【说　明】

本样式根据《中华人民共和国民事诉讼法》**第二百四十二条**、《最高人民法院关于适用〈中华人民共和国民事诉讼法〉的解释》**第四百六十八条**规定制定，供执行担保人向法院提供保证时用。

【法律依据】

1.《**中华人民共和国民事诉讼法**》(2023年9月1日)

第二百四十二条　在执行中，被执行人向人民法院提供担保，并经申请执行人同意的，人民法院可以决定暂缓执行及暂缓执行的期限。被执行人逾期仍不履行的，人民法院有权执行被执行人的担保财产或者担保人的财产。

2.《**最高人民法院关于适用〈中华人民共和国民事诉讼法〉的解释**》(2022年4月1日)

第四百六十八条　根据民事诉讼法第二百三十八条规定向人民法院提供执行担保的，可以由被执行人或者他人提供财产担保，也可以由他人提供保证。担保人应当具有代为履行或者代为承担赔偿责任的能力。

他人提供执行保证的，应当向执行法院出具保证书，并将保证书副本送交申请执行人。被执行人或者他人提供财产担保的，应当参照民法典的有关规定办理相应手续。

二十二、涉外民事诉讼程序的特别规定

1. **申请书**（当事人申请承认和执行外国法院生效判决、裁定或仲裁裁决用）

申请书

申请人：×××，男/女，××××年××月××日出生，×族，……（写明工作单位和职务或者职业），住……。联系方式：……。

法定代理人/指定代理人：×××，……。

委托诉讼代理人：×××，……。

被申请人：×××，……。

……

（以上写明当事人和其他诉讼参加人的姓名或者名称等基本信息）

请求事项：

请求承认和执行××国××法院××××年××月××作出的……号民事判决/××国××仲裁机构作出的……号仲裁裁决。

事实和理由：

……（写明事实和理由）。

此致

××××中级人民法院

附：1. 本申请书副本×份

2. 外国法院判决书或者仲裁裁决书正本或者经证明无误的副本以及中文译本

申请人（签名或者盖章）

××××年××月××日

【说　明】

1. 本样式根据《中华人民共和国民事诉讼法》**第二百九十八条、第三百零四条**，《最高人民法院关于适用〈中华人民共和国民事诉讼法〉的解释》**第五百四十一条、五百四十三条**制定，供当事人向中华人民共和国有管辖权的中级人民法院申请承认和执行外国法院发生法律效力的判决、裁定或仲裁裁决用。

2. 当事人是法人或者其他组织的，写明名称住所。另起一行写明法定代表人、主要负责人及其姓名、职务、联系方式。

3. 申请人向人民法院申请承认和执行外国法院作出的发生法律效力的判决、裁定，应当提交申请书，并附外国法院作出的发生法律效力的判决、裁定正本或者经证明无误的副本以及中文译本。

外国法院判决、裁定为缺席判决、裁定的，申请人应当同时提交该外国法院已经合法传唤的证明文件，但判决、裁定已经对此予以明确说明的除外。中华人民共和国缔结或者参加的国际条约对提交文件有规定的，按照规定办理。

4. 可被申请承认（和执行）的外国法院裁判文书种类，不仅包括判决还包括裁定以及依据国际公约、双边条约或者协定中规定其他裁判文书形式。对被申请承认（和执行）的外国法院裁判文书具体名称和文号的表述和援引应依据其翻译件的内容进行。

【法律依据】

1. **《中华人民共和国民事诉讼法》**（2023年9月1日）

第二百九十八条　外国法院作出的发生法律效力的判决、裁定，需要人民法院承认和执行的，可以由当事人直接向有管辖权的中级人民法院申请承认和执行，也可以由外国法院依照该国与中华人民共和国缔结或者参加的国际条约的规定，或者按照互惠原则，请求人民法院承认和执行。

第三百零四条　在中华人民共和国领域外作出的发生法律效力的仲裁裁决，需要人民法院承认和执行的，当事人可以直接向被执行人住所地或者其财产所在地的中级人民法院申请。被执行人住所地或者其财产不在中华人民共和国领域内的，当事人可以向申请人住所地或者与裁决的纠纷有适当联系的地点的中级人民法院申请。人民法院应当依照中华人民共和国缔结或者参加的国际条约，或者按照互惠原则办理。

2.《最高人民法院关于适用〈中华人民共和国民事诉讼法〉的解释》(2022年4月1日)

第五百四十一条 申请人向人民法院申请承认和执行外国法院作出的发生法律效力的判决、裁定，应当提交申请书，并附外国法院作出的发生法律效力的判决、裁定正本或者经证明无误的副本以及中文译本。外国法院判决、裁定为缺席判决、裁定的，申请人应当同时提交该外国法院已经合法传唤的证明文件，但判决、裁定已经对此予以明确说明的除外。

中华人民共和国缔结或者参加的国际条约对提交文件有规定的，按照规定办理。

第五百四十三条 对临时仲裁庭在中华人民共和国领域外作出的仲裁裁决，一方当事人向人民法院申请承认和执行的，人民法院应当依照民事诉讼法第二百九十条规定处理。

图书在版编目（CIP）数据

最高人民法院民事诉讼文书样式：制作规范与法律依据．律师与当事人卷／法律应用研究中心编．—3 版．—北京：中国法制出版社，2023. 9（2025. 1重印）
ISBN 978-7-5216-3758-8

Ⅰ. ①最… Ⅱ. ①法… Ⅲ. ①民事诉讼-律师-法律文书-范文-中国②民事诉讼-当事人-法律文书-范文-中国 Ⅳ. ①D926. 13

中国国家版本馆 CIP 数据核字（2023）第 135436 号

责任编辑：韩璐玮　　　　封面设计：李　宁

最高人民法院民事诉讼文书样式：制作规范与法律依据．律师与当事人卷
ZUIGAO RENMIN FAYUAN MINSHI SUSONG WENSHU YANGSHI：ZHIZUO GUIFAN YU FALÜ YIJU. LÜSHI YU DANGSHIRENJUAN

编者/法律应用研究中心
经销/新华书店
印刷/北京虎彩文化传播有限公司
开本/730 毫米×1030 毫米　16 开　　　　印张/ 18. 25　字数/ 344 千
版次/2023 年 9 月第 3 版　　　　2025 年 1 月第 3 次印刷

中国法制出版社出版
书号 ISBN 978-7-5216-3758-8　　　　定价：68. 00 元

北京市西城区西便门西里甲 16 号西便门办公区
邮政编码 100053　　　　传真：010-63141600
网址：http：//www. zgfzs. com　　　　**编辑部电话：010-63141790**
市场营销部电话：010-63141612　　　　**印务部电话：010-63141606**

（如有印装质量问题，请与本社印务部联系。）